CRISMA, O SACRAMENTO DA DECISÃO

Dados Internacionais de Catalogação na Publicação (CIP)
(Câmara Brasileira do Livro, SP, Brasil)

Crisma, o sacramento da decisão : roteiro catequético para a crisma / Diocese de Tubarão, SC. 47. ed. – Petrópolis, RJ : Vozes, 2014.

5ª reimpressão, 2023.

ISBN 978-85-326-0124-7
1. Catequese – Igreja Católica 2. Crisma – Estudo e ensino – diocese de Tubarão, SC.

07-0641   CDD-234.162

Índices para catálogo sistemático:
1. Sociologia : Metodologias qualitativas   301.01

DIOCESE DE TUBARÃO, SC

CRISMA, O SACRAMENTO DA DECISÃO

Roteiro catequético para a Crisma

EDITORA VOZES

Petrópolis

© 1984, Editora Vozes Ltda.
Rua Frei Luís, 100
25689-900 Petrópolis, RJ
www.vozes.com.br
Brasil

Todos os direitos reservados. Nenhuma parte desta obra poderá ser reproduzida ou transmitida por qualquer forma e/ou quaisquer meios (eletrônico ou mecânico, incluindo fotocópia e gravação) ou arquivada em qualquer sistema ou banco de dados sem permissão escrita da editora.

Texto elaborado pela Equipe de Catequese da Diocese de Tubarão – SC
Pe. Juventino Kestering
Pe. Daniel Sprícigo
Pe. Celso S. Rohling
Ir. Natália Feldhaus
Ir. Vanilda Schülter

CONSELHO EDITORIAL
Diretor
Volney J. Berkenbrock

Editores
Aline dos Santos Carneiro
Edrian Josué Pasini
Marilac Loraine Oleniki
Welder Lancieri Marchini

Conselheiros
Elói Dionísio Piva
Francisco Morás
Gilberto Gonçalves Garcia
Ludovico Garmus
Teobaldo Heidemann

Secretário executivo
Leonardo A.R.T. dos Santos

Diagramação: AG.SR Desenv. Gráfico
Capa: João-Lauro

ISBN 978-85-326-0124-7

Este livro foi composto e impresso pela Editora Vozes Ltda.

SUMÁRIO

Apresentação, 7

Vamos nos organizar, 9

Ficha de identificação, 11

I Unidade – A BÍBLIA, 13

    1ª Reunião – A Bíblia: presença de Deus na história, 14

    2ª Reunião – A palavra que compromete o homem, 17

II Unidade – A PESSOA HUMANA, 21

    3ª Reunião – Queremos ser gente, 22

    4ª Reunião – Somos pessoas imagens de Deus, 25

    5ª Reunião – A busca de Deus pelo homem, 28

    6ª Reunião – O homem no plano de Deus, 32

III Unidade – A FÉ CRISTÃ, 37

    7ª Reunião – Fé: nossa resposta a Deus, 38

    8ª Reunião – Jesus Cristo Salvador, 41

    9ª Reunião – Evangelho: a mensagem de Cristo, 44

IV Unidade – A IGREJA, 49

    10ª Reunião – A Igreja: sinal e instrumento de salvação, 50

    11ª Reunião – A Igreja que Cristo quis, 53

V Unidade – OS SACRAMENTOS, 57

    12ª Reunião – Os sacramentos, gestos e sinais de amor de Deus, 58

    13ª Reunião – Batismo: sinal e símbolo de fé, 62

    14ª Reunião – O nosso compromisso com a Igreja, 66

15ª Reunião – A celebração da comunidade, 70

16ª Reunião – O pecado: ruptura com Deus e a comunidade, 73

VI Unidade – O SACRAMENTO DA CRISMA, 79

17ª Reunião – O Espírito Santo na Igreja, 80

18ª Reunião – O Sacramento da Crisma, 84

19ª Reunião – Crisma: confirmação do batismo, 88

20ª Reunião – O crismando e sua missão, 91

21ª Reunião – Chamado a construir um mundo novo, 95

VII Unidade – TEMAS DE CULTIVO, 99

22ª Reunião – Para que você seja feliz..., 100

23ª Reunião – Amor e sexo, 103

24ª Reunião – Namoro: a busca da complementação, 106

25ª Reunião – A caminhada do povo de Deus, 110

26ª Reunião – Religião e religiões, 114

27ª Reunião – Espiritismo e culto afro-brasileiro, 118

VIII Unidade – ORAÇÕES, 121

APRESENTAÇÃO

O Povo de Deus caminha, se renova e se adapta aos tempos.

Dentro desse caminhar, renova-se sempre, também, a forma de educar o povo cristão. Não existe roteiro catequético válido para sempre.

Este é mais um que tenta atender às exigências do momento presente.

A evangelização do mundo moderno precisa acompanhar e servir-se das ciências humanas próprias de cada tempo.

O Sacramento da Crisma será mais eficaz na medida em que for mais consciente a preparação dos jovens crismandos.

Não basta estabelecer normas de idade; o conteúdo doutrinal é muito importante na catequese preparatória.

Este roteiro tenta dar ênfase muito especial a duas verdades fundamentais que devem ficar bem claras na mente do candidato à Crisma: *assumir conscientemente o batismo e fazer-se membro participante da comunidade.*

A Crisma é chamada, também, o sacramento da maturidade e da partilha. *Maturidade*, porque não é possível pertencer ao Reino de Cristo duma maneira inconsciente e sem decisão pessoal. *Partilha*, porque ser cristão é ser membro do Corpo de Cristo e, nele, não subsistem membros mortos ou que não exercem funções em favor do corpo todo, que é a comunidade.

Para que isto seja uma realidade é que este roteiro se apresenta como instrumento de ajuda para as comunidades paroquiais e, de modo especial, orienta e ilumina os catequistas em sua missão evangelizadora de preparar as turmas de Crisma.

Dom Osório Bebber
Bispo de Tubarão-SC

VAMOS NOS ORGANIZAR

Iniciamos o curso de preparação para a Crisma. É sempre na tentativa de assumirmos a nossa vida, nossa Igreja, nosso cristianismo. Para isto precisamos conhecer, entender e viver.

Aqui seremos um grupo de pessoas que juntas faremos esta preparação. Formamos um grupo e é neste grupo que realizaremos nossa preparação. Precisamos conhecer cada participante, saber quem conosco vai participar destes encontros (*começando pelo catequista, cada um se apresenta dizendo o seu nome, endereço, pais, profissão e outras coisas que achar bom dizer de si*).

Vemos que cada um é diferente: quanto aos pais, características pessoais, trabalho, lugar onde mora. Enfim somos diferentes. Mas todos somos pessoas. E é como pessoas que estamos aqui para nos encontrarmos, crescermos, estudarmos e formarmos um grupo que quer assumir mais o seu cristianismo, sua vida. Queremos descobrir novos caminhos de vida melhor.

Portanto, iniciamos o nosso curso de preparação para a Crisma que tem os seguintes objetivos:

– crescermos mais como pessoas e como cristãos;

– entendermos que a Crisma é a confirmação de nossa fé;

– formarmos um grupo que procura ser Igreja;

– descobrirmos qual o nosso papel de cristãos e cristãos crismados e realizá-lo em nossa vida na comunidade;

– assumir o compromisso com Jesus Cristo, a Igreja e o homem.

(Consulte o programa do curso no Sumário)

A NOSSA PROGRAMAÇÃO

Os encontros semanais serão: Dia .... Hora .... Local ....

Nossa Crisma será no dia .... Nossos pais e padrinhos terão um encontro no dia ....

Para tirarmos o máximo de proveito deste curso é necessário: Novo Testamento, caderno para anotações e ritual da crisma.

Algumas lideranças que vamos exercitar durante as reuniões:

Recepcionista: que recebe os colegas.

Cronometrista: marca o tempo.

Secretário: faz a chamada, lê a programação e tira as conclusões.

Espiritualizador: cuida da oração do grupo.

Recreador: alegra o grupo.

Animador e explicitador: O catequista que encaminha e dirige.

ATIVIDADES

1. Por que você quer ser crismado?

....

....

....

....

....

....

....

....

....

FICHA DE IDENTIFICAÇÃO

Nome: ....

Data de nascimento: .... Local: ....

Grau de estudo: .... Escola: ....

Profissão: ....

Endereço: ....

....

Pai: .... Idade: ....

Profissão: .... Grau de instrução: ....

Mãe: .... Idade: ....

Profissão: .... Grau de instrução: ....

Nº de irmãos: .... Mais velhos: .... Mais novos: ....

Pais casados no civil: .... Casados no religioso: ....

Outros casos: ....

Saúde: boa   regular   ruim   tem problemas de saúde na família? ......

Quais? ....

....

Gosta de ler? ...... Religião: pratica? .... Participa de grupo de jovens? ....

Grupo de reflexão? ....

Por quê? ....

....

....

O que você quer ser na vida? ....

Quem é Deus para você? ....

....

O que é ser cristão? ....

....

Assinatura .... Local e data ....

I Unidade

A BÍBLIA

1ª Reunião

A BÍBLIA: PRESENÇA DE DEUS NA HISTÓRIA
Deus se revela ao povo

Deus caminha com seu povo. Ele nos coloca todo esse mundo para construir-mos e continuarmos através de nossa atuação. Ele está conosco, se faz presente de diversos modos: através da natureza que nos cerca, das pessoas, dos acontecimentos, da Igreja e através de sua palavra escrita no decorrer da história.

O QUE É A BÍBLIA?

É a Palavra de Deus, a mensagem de Deus dirigida aos homens e hoje a nós. Uma mensagem de amor, de libertação, de esperança, de salvação de um Deus criador e salvador. Mostra a caminhada da humanidade nas suas lutas, sucessos, fracassos, descobrindo o seu Deus. Mostra o contínuo apelo de Deus, de uma iniciativa que Deus toma para com o homem e espera dele uma resposta. Nos escritos bíblicos nós vamos encontrar um Deus que acompanhou os homens sempre, embora os homens duvidassem dessa presença e procurassem outros deuses falsos.

A Bíblia é uma coleção de livros considerados pela Igreja como escritos sob a inspiração de Deus, contendo a sua Palavra. É um conjunto de 73 livros, sendo 46 do Antigo Testamento e 27 do Novo Testamento.

ANTIGO TESTAMENTO

Vai desde a criação até a vinda de Cristo, ressaltando:

– a criação: mostra que a origem de tudo é Deus;

– a escolha de um povo: a aliança com este povo e como este povo executa sua caminhada; descobrindo e seguindo o seu único Deus, ora se desviando, ora voltando. Cristo, o Messias, libertador, passa a ser o grande esperado, o grande libertador desejado.

Lendo o Antigo Testamento a partir de Cristo, tudo tem outro significado. Conseguimos entendê-lo melhor.

NOVO TESTAMENTO

É a partir da vinda de Cristo. O Novo Testamento nos mostra:
– a vida, a mensagem, a morte e ressurreição de Jesus;
– o novo reino de justiça, paz e fraternidade;
– o início da Igreja e a vivência da comunidade cristã.

São os evangelhos, em número de 4, que falam de Cristo, sua vida e mensagem. São as cartas, em número de 21, escritas para as primeiras comunidades cristãs, os Atos dos Apóstolos e o Apocalipse, livro profético.

O QUE DEVE SER A BÍBLIA PARA CADA UM DE NÓS?

Deverá ser sempre o nosso livro. É a Palavra de Deus que nos serve de guia, luz, caminho. É o fundamento para a nossa vida. A Bíblia nos ensina a ler a realidade, nos mostra que Deus nos ama. Não podemos ignorá-la. Lendo, refletindo e colocando a Palavra de Deus em nossa vida, estamos dando uma resposta a sua Palavra. Estamos assim realizando um diálogo com Deus. É a oração.

Na parábola do semeador vemos qual deve ser a nossa atitude diante da Palavra de Deus (Mt 13,1-23).

Ele é guia, alimento, força, esperança.

COMO UTILIZAR A BÍBLIA?

Para procurarmos um texto na Bíblia devemos seguir esses 2 passos:

1. Conhecer a abreviatura de cada livro. No início da Bíblia encontramos as siglas de todos os livros.

Ex.: Mt   = Evangelho de Mateus

1Cor = Primeira Carta aos Coríntios

Sl   = Livro dos Salmos

2. Cada livro bíblico está dividido em capítulo e versículos. Identificamos o capítulo pelo número maior e os versículos pelos números menores. Assim: Jo 10,11-20 = João capítulo 10, versículos 11 a 20.

Assim você pode ler mais a Bíblia, conhecê-la mais e melhor. A mensagem bíblica lhe será mais útil para a vida.

1. Iluminação bíblica

2Tm 3,14-17: as Sagradas Escrituras

Mt 13,1-25: a parábola do Semeador

Gn 12,1-9: vocação de Abraão

Ex 20,1-21: os 10 mandamentos

2. Aprenda para a vida

1. O que é a Bíblia?

– É a Palavra de Deus dirigida aos homens e hoje a nós. Uma mensagem de amor, libertação, esperança, salvação de um Deus criador e salvador.

2. O que deve ser a Bíblia em nossa casa?

– Deve ser a Palavra de Deus que nos serve de guia, de fundamento para a nossa vida, que nos mostra que Deus nos ama e que somos todos irmãos.

3. Atividades

1. Assinalar o certo:

(   ) A Bíblia é um livro histórico.

(   ) A Bíblia é um conjunto de 73 livros.

(   ) A Bíblia é a vivência de um povo.

(   ) A Bíblia não é inspirada por Deus.

(   ) O NT é composto de 46 livros (NT = Novo Testamento).

(   ) O Apocalipse é um livro do AT (AT = Antigo Testamento).

2. Completar:

1. Deus está conosco e se faz presente de diversos modos. Quais e como?

....

....

2. O AT vai desde a criação até a vinda de Cristo e ressalta:

....

....

3. O NT é a partir da vinda de ....

Os evangelhos são em número de ....

cartas ....; ....

e o. ....

4. Atividade para os pais

Leia, comente e anote as ideias principais do texto 2Tm 3,14-17.

....

....

....

2ª Reunião

A PALAVRA QUE COMPROMETE O HOMEM
Leia a Bíblia e sentirás a riqueza e a profundidade de suas palavras

Como deve ser entendida a Bíblia?

A Bíblia não é um livro de ciências, nem um manual de história.

É um livro religioso que quer comunicar uma mensagem de vida. É a expressão da reflexão do povo sobre a vida, a realidade e os acontecimentos.

A Bíblia foi escrita e reelaborada em várias épocas, por vários homens com mentalidade e estilo diferentes.

Isso significa que devemos:

– Fazer distinção entre a mensagem e a roupagem literária em que está revestida. O homem oriental tem um estilo cheio de imagens.

– Não nos apegar só à palavra, mas ao que o autor quer revelar com aquela palavra.

– Levar em conta a época em que foram escritos os livros com as suas características.

Deus sempre se manteve fiel à sua palavra, à aliança feita com o homem. E o homem, pelo pecado, foi infiel a Deus. Na Bíblia encontramos a fidelidade de Deus ao homem e a infidelidade dos homens entre si e com relação a Deus.

Em Ex 32 podemos ler como os homens foram ingratos a Deus fazendo um bezerro de ouro, substituindo-o pelo verdadeiro Deus. No livro dos Números 21, lemos que o povo perdeu a coragem no caminho e começou a murmurar contra Deus e contra Moisés: "Por que nos tiraste do Egito para morrermos no deserto onde não há pão nem água?" (Nm 21).

As infidelidades dos homens se manifestam nas injustiças, nas opressões, exploração do pobre e oprimido, na ganância, no egoísmo.

Todo injusto, explorador, opressor, egoísta, ganancioso é infiel a Deus e aos irmãos.

Só Deus é o verdadeiro Deus. Só a Ele devemos adorar. Ele é o Deus de nossos pais, dos profetas. É o Deus dos homens, que cuida e governa o mundo.

Deus está presente em todos os acontecimentos e está em tudo, conforme nos diz o Salmo 138,1-3: "Senhor, tu estás me olhando e me conheces e vês quando me sento ou me levanto. Tu vês meus pensamentos, meus caminhos e vês se estou andando ou estou parado".

Em Ex 3,10-12 vemos a presença de Deus que não abandona o homem e Moisés: "Vai, eu te envio ao faraó para tirar do Egito os israelitas, meu povo... Eu estarei contigo".

Ainda nos Salmos lemos constantemente que, quando Deus fala, cumpre a sua palavra, pois "a Palavra de Deus é a verdade, sua lei liberdade".

Os profetas conscientizavam o povo de todo tipo de escravidão que estavam vivendo e mostravam o verdadeiro Reino que Deus queria. Eles mostravam também como Deus quer se relacionar com os homens e como os homens devem se relacionar entre si.

O profeta Amós mostra que Deus quer a justiça e o humanismo. Deus é o Deus de todos os povos.

Jeremias ataca todos aqueles que oprimem o povo.

Isaías lembra que Deus quer a fraternidade entre os homens.

Ezequiel mostra que Deus quer a união do povo e que vai reuni-lo dentre as nações.

João Batista é o profeta da fidelidade a Deus, da verdade. Ele anuncia a presença de Jesus no meio do povo. "Eis o cordeiro de Deus que tira o pecado do mundo" (Jo 1,29).

A Bíblia não é um livro de individualismo, mas, profundamente, um livro que nos faz ler a realidade, descobrir as raízes das opressões, injustiças, explorações.

A Bíblia é um livro que:

– Compromete toda pessoa a viver em comunidade.

– Denuncia os opressores, injustos, desonestos, os exploradores dos irmãos.

– Ilumina a realidade, a vida, os fatos, o dia a dia da comunidade.

– É fonte de caminhada da comunidade.

– É o livro do cristão.

1. Iluminação bíblica

Ex 32,1-35 a ingratidão dos homens

Is 42,1-19 o servo esperado

2. Pesquisa em grupo

1. O que é a Bíblia?
2. Identifique fatos, situações de sua comunidade que a Bíblia condena.
3. Como a sua comunidade vive o plano de Deus.

3. Aprenda para a vida

1. Por que a Bíblia é um livro que compromete?

– Porque chama o homem a uma contínua conversão e a um compromisso de fraternidade com o irmão.

2. Quais são os grandes compromissos que a Bíblia nos propõe?

– Denunciar toda forma de opressão e exploração.

– Anunciar o Reino de paz, justiça e fraternidade.

– Iluminar a realidade.

– Caminhar à sua luz.

– Vida de comunidade.

4. Atividades

1. Atribua a cada profeta abaixo relacionado a mensagem específica que é dada por cada um:

Amós: ....

Jeremias: ....

Isaías: ....

Ezequiel: ....

João Batista: ....

2. Descubra algumas mentiras que prejudicaram pessoas.

....

....

....

3. Pesquise algumas citações bíblicas e o sentido para você:

Ex 3,18-20 ....

....

Os 1,1-3 ....

....

Am 4,1-3 ....

....

4. Faça uma dissertação sobre o tema: "O homem que não mantém a sua palavra ninguém nele confia".

5. Atividade para os pais

Ler e refletir em família Mt 13,1-25 e transcrever uma mensagem:

....

....

....

....

II Unidade

A PESSOA HUMANA

3ª Reunião

QUEREMOS SER GENTE
Eu sou uma pessoa que cresce. Vou construir a harmonia em mim

Há certo momento na vida em que se pergunta: "Quem sou eu? Para que vivo? O que eu quero da vida?"

São perguntas que fazemos e às vezes não encontramos respostas e outras vezes não queremos respondê-las.

Mas nós queremos crescer na vida, queremos seguir o caminho do bem. Isto deve partir de nós mesmos.

Então, para sermos mais gente, podemos seguir os seguintes passos de crescimento:

1º ACEITAR-SE COMO PESSOA. Somos pessoa, não número e coisa. Porém somos inacabados. Temos valores e deficiências. O que existe de mais importante em nós não é a fama, o diploma, o bom emprego, o dinheiro, mas é a aceitação como pessoa com seus valores bem como a descoberta do motivo de estar vivendo.

2º CONHECER-SE. Conhecemos muitas coisas, falamos muito das coisas, das outras pessoas, mas temos pouca coragem de nos conhecer profundamente. Conhecer-se é um esforço contínuo. Conhecer a si, o próprio comportamento, o modo de agir e reagir em casa, no trabalho, na escola. Por isso devo ter uma sensibilidade para olhar e sentir a mim mesmo, os outros, o mundo, a Igreja, Deus.

3º GOSTAR DE VIVER. Não viver por viver. Mas descobrir a alegria de servir, de viver. Ter dentro de si uma vontade de ser mais gente. Crer em si, crer no futuro. Ajudar-se e deixar-se ajudar. Nunca alimentar aspectos negativos da vida. Não falar de tristeza, de dor, de sofrimento, nem guardar rancor, ciúme e vingança.

4º CULTIVAR-SE. Querer crescer. Alimentar e cultivar atitudes positivas. Estar desarmado, ser calmo, paciente, bondoso, ter amizade, sinceridade e alegria. Saber perdoar, saber sorrir e amar as pessoas.

5º ENCONTRAR E AMAR A DEUS. Colocar Deus na caminhada de sua vida. Descobrir Deus presente em você. Deus o ama e caminha com você. Cristo nos diz: "Eu sou o caminho, a verdade e a vida" (Jo 14,6).

"Eu vim para que todos tenham vida e a tenham em abundância" (Jo 10,10). Ele é a força de nossa vida. Ele nos dá a razão de viver.

Vida é descoberta, é crescimento, é busca.

Resumindo:

Se você quer ser mais gente, se você quer se descobrir como pessoa, se você quer encontrar um caminho para a sua vida:

– Aceite-se como pessoa, limitada, mas que está em busca.

– Conheça-se não só na exterioridade, mas no seu interior.

– Ame a sua vida, não viva reclamando de tudo e de todos, descubra a razão de seu viver.

– Cultive-se. Você não está pronto. É preciso crescer.

– Cultive atitudes positivas. Não seja pessimista, derrotista e desanimado.

– Coloque Deus em sua vida, com Ele você passa a ser mais gente.

1. Iluminação bíblica

Lc 2,51-52: Jesus crescia

Tg 3,12-18: Frutos de crescimento

Hb 6,9-14: Encorajamento no crescimento

2. Para estudar em grupo

O que é ser gente?

3. Aprenda para a vida

1. Quais são os passos de crescimento de um jovem?

– Aceitar-se, conhecer-se, gostar de viver, cultivar-se, encontrar-se e amar a Deus e ao próximo.

2. O que impede o crescimento de um jovem?

– Alimentar aspectos negativos da vida.

– Falar só de tristeza, de dor, de sofrimento.

– Guardar ódio, rancor, vingança, egoísmo, injustiças.

– Vícios, tóxicos, bebida, fumo, preguiça...

4. Atividade

Entreviste pessoas perguntando: "O que é felicidade para você?"

....

....

....

....

4ª Reunião

SOMOS PESSOAS IMAGENS DE DEUS
Somos pessoas, temos valores, somos importantes!

Estamos vivendo num mundo que progride, que se desenvolve, que evolui. Vemos acontecer este progresso na técnica, na ciência, nas comunicações. Quantas descobertas se fizeram notar nestes últimos tempos. A cada dia o homem desenvolve mais sua inteligência fazendo novas conquistas, novas descobertas. Nunca está satisfeito. Está numa contínua busca, numa constante procura.

Todo homem sente um enorme desejo de perfeição. Nunca está satisfeito com o que tem e com o que faz. Quanto mais consegue fazer, percebe que isto não basta. Os seus desejos são infinitos e os seus limites também são muitos.

Por quê? O homem foi feito para um contínuo crescer, um assumir sempre mais a sua função dentro do universo. O homem ainda não é o que deveria ser, ele está a caminho. O homem foi feito para o infinito.

Vemos que somos pessoas em constante busca, em crescimento. E dentro deste universo que cresce e evolui é que vivemos e precisamos nos realizar como pessoas. Cada um de nós tem um papel importante. Tem valores. Tem a inteligência para descobrir, a vontade para querer, a liberdade para decidir, a dignidade para viver. Temos qualidades para desenvolver. E somos irmãos. Portanto, há necessidade de nos aceitar, de descobrir nossas qualidades, nossas capacidades e desenvolvê-las.

Muita gente acha que não tem valor: se despreza e se vê sem qualidades. Acha que Deus não a dotou de coisas boas. Em cada pessoa existem qualidades escondidas. Muitas ainda não descobriram os seus dons.

Você já os descobriu? Quais as qualidades positivas?

– Uns sabem cantar.

– Outros sabem escrever bem, têm muitas ideias.

– Outros fazem amigos com facilidade.

– Outros são muito alegres.

Deus deu a você condições para ser tudo o que quiser ser. Estas capacidades são sementes que estão dentro de você. É preciso descobri-las, valorizá-las e vivê-las.

Cristo nos fala da necessidade que temos de desenvolver nossas qualidades. Isto na parábola dos talentos (Mt 25,14-30).

Daí concluímos:

– Todos temos talentos.

– O importante não é quantos talentos a gente recebeu, mas como os desenvolve.

– A necessidade de um esforço contínuo.

– E se Deus coloca os talentos à disposição é porque nos dá um grande valor.

"Valeis vós muito mais que os pardais e os pássaros..." (Lc 12,24).

Somos importantes não pela aparência, mas pela capacidade de desenvolvermos nossos talentos e colocá-los a serviço dos outros.

1. Iluminação bíblica

Mt 25,14-30: parábola dos talentos

Mt 6,25-34: o valor da pessoa

2. Para estudar em grupo

Quais são os valores que a sociedade hoje apresenta?

3. Aprenda para a vida

1. Quais são os valores fundamentais do homem?

– Inteligência, vontade, liberdade, dignidade, justiça, fraternidade.

2. Quais são algumas qualidades que podemos desenvolver?

– Bondade, alegria, amizade, sinceridade, sensibilidade...

4. Atividades

1. Assinalar o certo.

A função do homem no universo é:

(   ) Ser sempre mais.

(   ) Satisfação pessoal.

(   ) Assumir sua função.

(   ) Procurar seu interesse pessoal.

(   ) Contínuo crescer.

2. Enumere as qualidades que descobriu em você:

....

....

....

....

....

....

5. Atividade para os pais

Ler 1Cor 12,4-11 e anotar os dons que Paulo aponta:

....

....

....

....

....

....

....

....

....

5ª Reunião

A BUSCA DE DEUS PELO HOMEM
Viver a religião é comunicar-se com Deus e com os irmãos

É muito comum a gente escutar jovens dizendo: "Religião já era; para que religião se a vida está tão boa! Religião é coisa de criança e de velho. A religião atrapalha e tira a liberdade da gente. Eu tenho fé em Deus; mas missa, confissão, oração eu não faço".

Se nós olharmos um pouco para a vida das pessoas, vemos que todos buscam de uma ou de outra forma a religião. São as peregrinações, as variedades de promessas, as buscas de cura, a frequência aos "terreiros" da umbanda, as bênçãos e as procissões. Todos buscam uma forma de religião para se libertar de algo que estraga a vida. É claro que esta maneira de religião não responde às necessidades dos jovens. Também não foi esta a religião que Cristo veio trazer.

Todas as pessoas, nos tempos antigos, nas cidades, nos campos, entre os índios, enfim todos têm dentro de si um sentimento religioso. Sentem a necessidade de se unir, de se comunicar com Deus. O homem é um ser religioso e não consegue ser feliz se não manifesta a sua religião.

O QUE É RELIGIÃO?

Religião é a maneira, o jeito de o homem se ligar, se unir se comunicar com Deus e de Deus se comunicar com os homens (Jo 1,1-14; Fl 2,5-11). Mas não como um Deus distante, castigador, separado da vida, mas como Deus que nos ama, que caminha conosco, que está ao nosso lado, um Deus com o qual podemos falar, que "vem a nós".

DUAS VISÕES DE RELIGIÃO!

Nós podemos ter duas maneiras de viver a religião, e, neste sentido, gostaríamos que cada um procurasse analisar-se a si mesmo.

1ª) VISÃO ESTÁTICA DA RELIGIÃO: Eu tenho uma visão errada da religião quando não procuro crescer, quando fico com a visão dos ensinamentos do tempo de criança, quando não mais estudo religião. Então religião passa a ser para mim algo desligado da vida, um peso para carregar. É a religião de normas, de preceitos, de obrigações. Então:

– DEUS é alguém que castiga, longínquo, separado da vida.

– IGREJA é o bispo, padre, construção de pedra e cimento, algo de que não participo.

– RELIGIÃO supõe obrigações, compromissos, normas. Como consequência a minha vida é cheia de temor, medo e revolta. Esta religião não foi pregada por Jesus Cristo.

2ª) VISÃO DINÂMICA DA RELIGIÃO: Mas há uma segunda maneira de viver a religião: como vida, que me ajuda a viver melhor; que é o fio norteador da minha vida; que é a mensagem de Cristo vivida; que é a razão do viver, lutar, do sofrer, do amar. Então:

– DEUS é nosso Salvador, que caminha conosco; Deus é Pai, bondade, misericórdia, caminho, verdade, vida.

– IGREJA somos todos nós, é o povo que tem fé em Deus e amor ao próximo, é a comunidade dos cristãos.

– RELIGIÃO é descoberta, caminhada, crescimento, busca. Religião não é uma vivência individual, mas comunitária. Viver a religião é viver o compromisso com Jesus Cristo e com os irmãos.

"Cristo enviou sua Igreja para anunciar o Evangelho a todos os homens, a todos os povos. Uma vez que cada um dos homens nasce no seio de uma cultura, a Igreja procura alcançar, por meio de sua ação evangelizadora, não só o indivíduo senão também a cultura do povo. Procura 'alcançar e transformar pela força do Evangelho os critérios de juízo, os valores determinantes, os pontos de interesse, as linhas de pensamento, as fontes inspiradoras e os modelos de vida da humanidade, que estão em contraste com a Palavra de Deus e com o projeto da salvação. Poder-se-ia exprimir isso dizendo: importa evangelizar não de maneira decorativa, como que aplicando um verniz superficial, mas de maneira vital, em profundidade, e isto até as suas raízes – a cultura e as culturas do homem' (EN 19-20) *Puebla* n. 394).

"Entendemos por religião do povo, religiosidade popular ou piedade popular o conjunto de crenças profundas marcadas por Deus, das atitudes básicas que derivam dessas convicções e as expressões que as manifestam. Trata-se da forma ou da existência cultural que a religião adota em um povo determinado. A religião do povo latino-americano, em sua forma cultural mais característica, é expressão da fé católica. É um catolicismo popular" (*Puebla* nº 444).

É esta a religião que devemos viver e seguir. É esta a religião que Jesus Cristo veio trazer ao mundo e é esta a religião que vamos experimentar.

1. Iluminação bíblica

Jo 4,13-29: adorar em espírito e verdade

Ef 2,1-10: ressuscitado com Cristo

2. Para estudar em grupo

– O que é religião?

– Qual é a visão estática da religião?

– Qual é a visão dinâmica da religião?

3. Aprenda para a vida

1. O que é religião?

– Religião é comunicar-se na fé com Jesus Cristo, com Deus e na fraternidade com os irmãos.

2. O que é uma seita?

– Seita é uma "falsa religião" que gira em torno de um líder religioso. As seitas são fechadas e usam muito a pressão emocional.

4. Atividades

1. Como você vive a religião?

....

....

....

....

2. Enumere 5 pontos em que a religião ajuda a você viver melhor.

....

....

....

....

3. Pesquise:

    1. Quantas religiões existem em sua comunidade? Quais?

....

....

....

....

....

    2. Quantas seitas existem na sua comunidade? Quais?

....

....

....

....

....

5. Atividade para os pais

    1. Por que vocês seguem a religião católica?

....

....

....

....

....

    2. Por que vocês se confessam, comungam e batizam os filhos?

....

....

....

....

....

6ª Reunião

O HOMEM NO PLANO DE DEUS
Homem: imagem e semelhança de Deus

Gostamos de observar e admirar uma paisagem bonita, um pôr de sol, o mar, as flores. Há tantas belezas neste universo; tanta coisa que existe. E se nos perguntarmos por que tudo existe, vamos descobrir que é sempre em relação ao homem. Todo esse universo está colocado em nossas mãos para que o dominemos e o tornemos mais belo.

É esta a intenção de Deus: que o homem seja sempre mais o centro e o rei da criação. Foi com amor e carinho que ele preparou todo esse universo para que nós pudéssemos existir. Dá-nos todas as condições.

É como quando você quer plantar uma semente. Prepara tudo para que tenha condições de se desenvolver. Assim acontece conosco em relação a Deus. Por isso dizemos que ele sempre pensa em nós, desde sempre pensou em nós e hoje se preocupa conosco.

Ele nos criou a sua imagem e semelhança. Criou-nos por amor. E esta imagem e semelhança se realiza na:

1. INTELIGÊNCIA: pela inteligência somos capazes de continuar, de levar adiante esta obra que Deus começou e quer continuar conosco. No nosso trabalho de cada dia continuamos aquele "faça-se" que Deus disse pela primeira vez na criação do mundo. Esta criação ainda não acabou. Utilizando nossa inteligência, nossas capacidades, continuamos a construção deste mundo.

2. VONTADE LIVRE: Deus é livre e nos deixa livre. Podemos optar por um contínuo crescer ou não. A liberdade é voto de confiança da parte de Deus para conosco. Ele não impõe nada, não nos obriga. Apenas nos dirige um apelo, nos chama. Ele quer amigos.

3. PARTICIPAÇÃO DA VIDA DIVINA: Deus nos divinizou no Batismo (1Pd 1,4). Alguém que vem até nós, que transmite sua vida para que nós caminhemos até Ele. Ele se faz presente.

4. NA DIMENSÃO COMUNITÁRIA: Deus é amor. E o homem só se realiza quando consegue entrar em comunhão, quando dá e recebe amor. É esta a nossa vocação: comunhão com Deus e com os irmãos.

Por tudo isso somos imagens e semelhanças do Criador. E o seremos cada vez mais se o manifestarmos aos outros. Ele quer se fazer sempre mais presente através de cada um de nós.

Precisamos nos conscientizar que somos com Deus responsáveis por este mundo. A nós foi dado tudo o que existe. "Eu vos dou..." assim nos fala o Gênesis. Mas somos livres. Podemos construí-lo, transformá-lo ou não.

Será que os homens não estão destruindo o mundo e desfigurando a imagem e semelhança de Jesus?

As guerras, as mortes, as destruições das flores, das plantas, a exploração dos minérios, a poluição, a injustiça, a opressão, o pecado, a exploração do homem pelo homem, a fome, a miséria.

"O luxo de alguns poucos converte-se em insulto contra a miséria das grandes massas" (João Paulo II).

Esta situação desfigura a imagem e semelhança de Deus no homem.

Esta situação de extrema pobreza generalizada adquire, na vida real, rostos concretíssimos, nas quais deveríamos reconhecer os rostos sofredores de Cristo, o Senhor "que nos questiona e interpela":

– "Rostos de crianças, golpeadas pela pobreza ainda antes de nascer, impedidas que estão de realizar-se, por causa de deficiências mentais e corporais irreparáveis, que as acompanharão por toda a vida; crianças abandonadas e muitas vezes exploradas de nossas cidades, resultado da pobreza e da desorganização moral da família.

– Rostos de jovens, desorientados por não encontrarem seu lugar na sociedade e frustrados, sobretudo nas zonas rurais e urbanas marginalizadas, por falta de oportunidade, de capacitação e de ocupação.

– Rostos de indígenas e com frequência também de afro-americanos, que, vivendo segregados e em situações desumanas, podem ser considerados como os mais pobres dentre os pobres.

– Rostos de agricultores que, como grupo social, vivem relegados em quase todo o nosso continente, sem terra, em situação de dependência interna e externa, submetidos a sistemas de comércio que os enganam e os exploram.

– Rostos de operários, com frequência mal remunerados, que têm dificuldade de se organizar e defender os próprios direitos.

– Rostos de subempregados e desempregados despedidos pelas duras exigências das crises econômicas e, muitas vezes, de modelos desenvolvimentistas que submetem os trabalhadores e suas famílias a frios cálculos econômicos.

– Rostos de marginalizados e amontoados das nossas cidades, sofrendo o duplo impacto da carência dos bens materiais e da ostentação da riqueza de outros setores sociais.

– Rostos de anciãos cada dia mais numerosos, frequentemente postos à margem da sociedade do progresso, que prescinde das pessoas que não produzem" (*Puebla* nº 31 a 39).

1. Iluminação bíblica

Gn 1,24-31: "dominai..."

Sl 8,5-8: o que é o homem?

1Cor 12,4-11: a diversidade de dons

2. Aprenda para a vida

1. Como acontece a imagem e semelhança de Deus em nós?

– Na inteligência, na vontade livre, na participação da vida divina e da dimensão comunitária.

2. Quais são as formas de desfigurar a imagem e semelhança de Deus no homem?

– A Opressão, injustiça, fome, guerra, ódio, poluição, politicagem e a falta de fé.

3. Atividades

1. Relacione a primeira coluna de acordo com a segunda:

1. Comunhão   ( ) Voto de confiança em Deus

2. Fraternidade   ( ) Deus transmite sua vida a nós

3. Liberdade   ( ) Agentes da história

4. Batismo   ( ) Quando dá e recebe amor

5. Responsáveis diante de Deus   ( ) Onde acontece um mundo mais
                                                    fraterno

2. Pesquise nos jornais e revistas as destruições: na natureza, na pessoa humana, e monte um cartaz.

3. O que destrói a natureza em uma região? Cite quais são os focos de poluição?

....

....

....

....

....

....

4. Atividade para os pais

Leia 1Cor 12,4-11 e escreva quais os dons que Deus nos deu:

....

....

....

....

....

....

III Unidade

A FÉ CRISTÃ

7ª Reunião

FÉ: NOSSA RESPOSTA A DEUS
A fé: dom e resposta

Hoje muitos dizem que não têm mais fé; que perderam a fé. Outros têm uma fé muito infantil. Uma fé misturada com crendices, sentimentalismos. E os jovens falam em crise de fé...

O QUE É A FÉ?

Somos pessoas. Acreditamos nas pessoas, nas suas qualidades, na capacidade de desenvolvimento.

Como pessoas estamos diante de um mundo participando de uma história.

Mas, tanto o homem como este mundo não estão aí por acaso. Tudo é fruto de um plano de Deus. Somos conhecidos, amados e pensados por Deus.

Se estamos existindo é porque temos uma missão e uma finalidade: transformar o mundo, torná-lo cristão, para que reconheça e ame o seu Senhor e viva na justiça, na fraternidade com os irmãos.

Por isso ter fé é acreditar num Deus vivo, presente; num Deus que está conosco, que nos acompanha no decorrer da história, que caminha conosco. É acreditar num Deus que se faz um de nós; que se torna conhecido através da pessoa de Jesus Cristo.

Pois Jesus Cristo no revela o Pai: "Quem me vê, vê o Pai" (Jo 14,8). E nos mostra o plano do Pai a nosso respeito: "Eu vim para que todos tenham vida e a tenham em abundância" (Jo 10,10).

Ele nos mostra o caminho da salvação: "Eu sou o caminho, a verdade e a vida" (Jo 14,6).

A estas iniciativas de Deus, de nos chamar à existência, de nos mostrar o seu grande amor enviando o seu próprio Filho para nos salvar, de ser tudo para nós, precisamos dar uma resposta: uma resposta de fé.

E essa resposta é pessoal. Também não existe fé que não seja demonstrada através da própria vida.

A fé é uma busca. Aprofundamos a fé através da catequese, leitura bíblica, celebrações, dos grupos de jovens, dos grupos de reflexão e das comunidades eclesiais de base.

Mas sobretudo fé é graça divina. Precisamos pedir a Deus o dom da fé.

Devemos ter fé em todos os momentos: de luta, de obscuridade, de provação, de alegria, de crescimento, de bem-estar. Não existe fé desligada da vida.

A fé é um compromisso de justiça, de fraternidade, de verdade, de comunidade, de luta pelos oprimidos, pelos "sem-voz e sem-vez", pelos sem-terra, sem lugar para morar.

1. Iluminação bíblica

Tg 2,14-26: a fé e as obras

Mt 9,18-34: a fé salva e faz ver

1Cor 2,5: a fé em Deus

2. Para estudar em grupo

– Trabalho em grupo:

Ler a carta de Tiago 2,14-26 e responder a estas duas perguntas:

1. Por que a fé sem obras é morta?

....
....
....
....
....
....

2. Como posso manifestar a fé na nossa comunidade?

....
....
....
....
....

3. Aprenda para a vida

1. O que é ter fé?

– Tem fé aquele que em nome de Jesus ajuda a construir a comunidade e é capaz de se despojar de si para ajudar o irmão.

2. Por que a fé é um compromisso?

– Por que a fé não pode ser desligada da vida, da realidade.

4. Atividades

1. O catequista motiva o grupo (na igreja, na capela) para um momento de oração.

....

....

....

....

2. Como você cultiva a sua fé?

....

....

....

....

....

....

5. Atividade para os pais

Leia Tg 2,14-26 e responda: Por que a fé precisa ser acompanhada de obras?

....

....

....

....

....

....

8ª Reunião

JESUS CRISTO SALVADOR
Jesus Cristo é o Salvador

No Evangelho de Mt 16,13-16 há uma passagem a respeito de Jesus Cristo, onde ele interroga seus apóstolos sobre a opinião do povo a seu respeito. As opiniões foram variadas: uns diziam que era um grande homem, outros um grande profeta, outros um agitador. Mas Pedro assim o define: "Tu és o Cristo, o Filho de Deus vivo". Vamos então conhecer mais o Cristo, ver quem ele é, a sua vida, a sua missão e qual a nossa resposta a este Cristo.

QUEM É JESUS CRISTO?

É Deus que se fez homem: que assume e vive a natureza humana e que se faz presente para nos trazer uma mensagem de amor, libertação, salvação. Tudo converge para ele. "Ele é a plenitude dos tempos". Toda a evolução da humanidade converge para o Cristo. Nele, com ele e por ele tudo foi criado, tudo caminha e adquire um novo sentido: o universo, o homem, a vida, o trabalho, o sofrimento. É alguém que concretiza o plano da salvação. É o filho de Deus e nosso Salvador.

SUA VIDA

Seus pais foram Maria e José. Era natural de Belém de Judá na Palestina, era judeu. Morava em Nazaré, na Galileia. Sua profissão: carpinteiro. Falava aramaico. Deus preferiu ser um homem como os demais.

Tornou-se o homem perfeito. Sua vida foi marcada pela simplicidade, serenidade, dedicação, justiça, paz, fraternidade, oração, amor e perdão.

Viveu a vida de homem: nasceu pobre, experimentou a rejeição, pois teve que fugir para o Egito. Crescia em sabedoria, em idade e graça diante de Deus e dos homens (Lc 2,52). Sentiu o que é ganhar o pão com o suor do rosto. Tinha muitos amigos. João, Marta e Maria eram os seus amigos mais chegados. Quando estava cansado ia visitá-los. Era tão humano que chorou quando Lázaro morreu (Jo 11,33).

Durante a sua vida experimentou a penitência e o sofrimento. Sentiu as tentações que todos nós sentimos: posição social, dinheiro, comodismo, egoísmo, desprezo. Foi rejeitado em sua terra natal, ameaçado de apedrejamento.

Soube tomar posição diante de cada situação, nunca se tornou escravo da própria liberdade.

Conversa com todos: ricos, pobres, marginais, pecadores.

Exemplo: Zaqueu, samaritana, mulher adúltera, Nicodemos...

Cristo é tão consciente de sua missão que no fim de sua vida escolhe o caminho da cruz. É traído, preso, condenado, posto em julgamento, carrega a cruz e morre por nós. Mas, ressuscitado, vence de maneira gloriosa a morte. Por isso dizemos que ele está vivo e presente no meio de nós.

Em Cristo tudo adquire um novo sentido. Com sua vida, sua mensagem, sua morte e ressurreição dá condições a todos os homens de se libertarem do egoísmo, do pecado, do erro, das injustiças, das opressões, das explorações humanas. Porém não termina aí a sua missão. Quer continuar conosco. Quer que cada um de nós viva a mensagem do seu Evangelho. A mensagem de paz, justiça, fraternidade e amor. Viver a mensagem do Evangelho é dar testemunho de Jesus Cristo no ambiente em que se vive.

1. Iluminação bíblica

Mt 16,13-16: que dizem os homens?

Ef 1,10-11: Ele é a plenitude dos tempos.

2. Para estudar em grupo

Ler o texto e responder as questões:

A situação da Palestina não era boa para o povo simples e pobre. Naquele tempo, quem mandava no país de Jesus eram os romanos. Os romanos eram gente estrangeira, que se interessava em arrancar dinheiro do povo, cobrando impostos muito pesados. Boa parte deste dinheiro era enviada para o imperador de Roma e muito desse dinheiro ia para o bolso dos cobradores e fiscais de impostos. Os grandes se enchiam de dinheiro e iam comprando as terras dos pequenos. E o povo pobre era quem sofria e ficava andando de um lado para o outro.

O povo de Nazaré vivia sobretudo da lavoura. Trabalhava na roça, mas a terra não era deles. O povo trabalhava para enriquecer ainda mais os donos das terras que moravam na cidade.

1. Recordando o que acabamos de ler: Como era mesmo a situação do povo simples e pobre lá da Palestina, no tempo de Jesus?

2. Quem eram os grandes daquela época e como eles castigavam e exploravam o povo humilde?

3. Em que a situação do nosso povo pobre e sofredor de hoje é parecida com a situação daquele povo?

3. Aprenda para a vida

1. Quem é Jesus Cristo?

– Jesus Cristo é o Filho de Deus e nosso Salvador que morreu e ressuscitou. Está vivo e presente no meio de nós.

2. Qual é a missão de Jesus?

– Salvar os homens, indicando o caminho do perdão, do amor, da fraternidade, da justiça.

– Ensinar-nos que Deus é Pai e que todos somos irmãos.

4. Atividades

Ler o texto da 8ª reunião e completar os dados sobre Jesus:

Nome:...

Filiação: ....

Data de nascimento: ....

Lugar de nascimento: ....

País: ....

Residência: . ...

Profissão: .. ..

Língua que falava: ....

O que marcou a sua vida: ....

Alguns amigos: ....

Sua morte:..

O porquê de sua morte: ....

Maior acontecimento depois da morte: ....

Onde está atualmente:...

5. Atividade para os pais

Como os pais transmitem a mensagem de Jesus Cristo à família?

....

....

....

9ª Reunião

EVANGELHO: A MENSAGEM DE CRISTO
Cristo nos lança um desafio: viver a sua mensagem de amor e de perdão

O que quer dizer a palavra "Evangelho"?

É uma palavra hebraica, que em português significa: boa-nova, ou boa notícia.

Jesus Cristo veio ao mundo para trazer as boas notícias de Deus. "Jesus foi para Nazaré, onde fora criado e, segundo o seu costume, entrou em dia de sábado na sinagoga, e levantou-se para ler. Foi-lhe entregue o livro do profeta Isaías; abriu-o, encontrou o lugar onde está escrito:

O Espírito do Senhor está sobre mim,

porque ele me ungiu

para evangelizar os pobres;

enviou-me para proclamar

a remissão aos presos

e aos cegos a recuperação da vista,

para restituir a liberdade aos oprimidos,

e proclamar um ano de graça do Senhor" (Lc 4,16-19).

"Jesus percorria toda a Galileia, ensinando em suas sinagogas, pregando o Evangelho do Reino e curando toda e qualquer doença ou enfermidade do povo. O seu renome espalhou-se por toda a Síria, de modo que lhe traziam todos os que eram acometidos por doenças diversas e atormentados por enfermidades, bem como os endemoninhados, lunáticos e paralíticos. E ele os curava. Seguiam-no multidões numerosas vindas da Galileia, da Decápole, de Jerusalém, da Judeia e da região além do Jordão" (Mt 4,23-25).

Encontramos no Evangelho as seguintes mensagens:

Jo 11,25: "Eu vim para que todos tenham vida..."

Jo 14,6: "Eu sou o caminho, a verdade e a vida."

Jo 13,34: "Dou-vos um mandamento novo: que vos ameis uns aos outros como eu vos amei. Amai-vos uns aos outros."

Lc 10,27: "Amarás o Senhor teu Deus de todo o teu coração, de toda a tua alma, de todas as tuas forças e de todo o teu entendimento, e a teu próximo como a ti mesmo."

Lc 9,25: "Que aproveita ao homem ganhar o mundo inteiro se vier a perder-se ou sofrer prejuízo?"

Mt 6,24: "Não podeis servir a Deus e ao dinheiro."

Mt 5,44: "Amai os vossos inimigos e orai pelos que vos perseguem."

Jesus veio revelar a vontade do Pai. Deixou-nos uma nova proposta: o Reino de Deus, de Amor, Paz e Justiça.

Em Cristo a vida passa a ter um novo sentido. Cristo, ao anunciar sua missão, fê-lo com termos muito claros, ao referir a si as palavras do profeta: "O Espírito do Senhor está sobre mim. Ele me escolheu para anunciar a boa-nova aos pobres e me mandou anunciar a liberdade aos presos, dar vista aos cegos, pôr em liberdade os que estão sendo maltratados e anunciar o ano em que o Senhor vai salvar o seu povo" (Lc 4,18-19).

Por outro lado, quando os discípulos de João foram a ele para saber se era ele o esperado, o Mestre respondeu pelos efeitos de sua ação: "Voltem e contem a João isto que vocês viram e ouviram: os cegos veem, os coxos andam, os leprosos são curados, os surdos ouvem, os mortos ressuscitam e a boa-nova é anunciada aos pobres" (Lc 7,22). E ao responder pela identidade do próximo não duvidou em apontá-lo caído à beira do caminho, ferido e maltratado, na parábola do bom samaritano (Lc 10,25-37).

O cristão, pelo fato de ser batizado, ser discípulo de Cristo, tem um compromisso com esta missão:

– Compromisso de denunciar as injustiças, as explorações, as opressões.

– Compromisso de implantar o reino de justiça, paz e fraternidade.

– Compromisso de formar comunidade e viver em comunidade.

1. Para debater em grupo

– Olhando para o nosso mundo, vemos que o mal está espalhado em toda parte e se manifesta na forma de fome, exploração, injustiça, etc. Aqui vamos ler mais alguns dados colhidos em jornais que confirmam tudo isto. Prestem atenção:

"O Arcebispo de São Salvador, Oscar Romero, foi assassinado a tiros, quando rezava uma missa no hospital. Quatro desconhecidos entraram e o metralharam no altar."

(O São Paulo – 25/03/80)

"Em 1979, no mundo morreram de fome 30 milhões de crianças com menos de cinco anos de idade."

(Correio do Povo – 16/03/80)

"Em Sobradinho, na Bahia, expulsaram mais de 100.000 pessoas das margens do rio São Francisco, obrigando-as a ir para o deserto. Isso para fazer uma barragem."

(Boletim Custo de Vida)

"No Brasil morrem 500.000 crianças de fome por ano, de zero a 2 anos. Se aumentarmos até 5 anos, dá um milhão de mortes por ano.

1 criança por minuto de 0-2 anos.

2 crianças por minuto de 0-5 anos."

(Pastoral Urbana – fez./79 – Diocese de Chapecó)

"A posse de terra está concentrada em poucas mãos, causando a expulsão do homem do campo para a cidade, onde enfrenta toda sorte de sofrimento."

(Boletim Custo de Vida – 1981)

1. Por que acontecem estas coisas ruins? (mortes, desastres, violências).

2. Que outros males acontecem em nosso mundo?

3. Em nossa comunidade, quais são as coisas que atrapalham a vida?

2. Aprenda para a Vida

1. Qual é a grande mensagem de Jesus Cristo?

– Revelar a vontade do Pai e nos comprometer com o Reino de paz, amor e justiça.

2. O que quer dizer Evangelho?

– Boa notícia, boa-nova, mensagem de Deus aos homens.

3. Atividades

1. Procurar ver em sua comunidade alguns sinais de que a mensagem de Cristo é vivida.

2. Assinale o que você julga certo:

2.1. O Reino de Deus:

(   ) É colocado por Jesus dentro do coração do homem.

(   ) É uma cidade distante.

(   ) É uma aliança de Deus com os homens.

(   ) É a união dos filhos de Deus.

2.2. Para a nossa felicidade Jesus nos dá:

(   ) A luz da Verdade.

(   ) Uma grande propriedade.

(   ) O perdão e o Espírito Santo para nosso crescimento.

(   ) Muitas riquezas e prazeres.

2.3. Quem segue a Jesus procura:

(   ) Ajudar aos outros em suas necessidades.

(   ) Garantir maior lucro para si.

(   ) Deixar-se levar com facilidade.

(   ) Aceitar os outros com suas limitações.

3. O segredo para a libertação é:

Transformar → o → mal → em → bem

Como fez Jesus

A morte → Ele →
A doença → mudou →
O → em → Amor
Os → → Amigos

4. Por que Jesus condenou os hipócritas? Veja Mt 6,2-5 e 23,5.

....

....

....

....

....

4. Atividade para os pais

Quais são os maiores problemas que as famílias estão enfrentando?

....

....

....

IV Unidade

A IGREJA

10ª Reunião

A IGREJA: SINAL E INSTRUMENTO DE SALVAÇÃO
Eu, você, nós... recebemos um convite de Deus, fomos convocados

ESTUDO EM GRUPO

1. O que entendemos por Igreja?
2. Como pertencemos à Igreja?
3. Qual a missão da Igreja?

A Igreja é a comunidade dos que aceitam o Cristo, aderem à sua mensagem e a manifestam pelo testemunho pessoal e comunitário de vida.

É a comunidade dos cristãos que vivem unidos por uma mesma fé, uma mesma esperança, um mesmo amor. Que refletem e procuram viver o Evangelho e caminham na busca de comunhão com o Pai e com os irmãos, tendo como centro de unidade a Cristo.

COMO SURGIU?

No decorrer da vida de Cristo muitas pessoas aderiram a Jesus Cristo e o seguiram. Cristo os chama e os convoca. Prepara-os através do ensino, do testemunho, da vivência. Eram os 12 apóstolos.

Em Mt 4,18-22, vemos Cristo chamando Pedro e André e estes abandonam tudo e o seguem. Com este grupo Cristo convive, trabalha, fala-lhes do Reino de Deus, da boa-nova que lhes traz. Faz com que tomem mais consciência de si, da comunidade que estão formando e aos poucos também da missão que lhes cabe e um dia os envia a pregar.

Mas a partir da ressurreição é que entendem todo o significado da convivência, das palavras de Cristo e da missão para a qual estavam sendo preparados. Tornam-se bem mais conscientes, refletem em conjunto, creem e, através desta fé, testemunham o Cristo ressuscitado. Vivem no amor e na unidade, na justiça, na paz e fraternidade.

Isto é Igreja. Igreja que Cristo quis e quer.

A Igreja não é uma construção, um templo, nem só um conjunto de normas ou uma simples instituição da qual precisamos algumas vezes na vida (por ocasião do Batismo, da Crisma, do Matrimônio, etc.).

Mas a Igreja é uma comunidade de pessoas que procuram viver o seu Batismo e é pelo Batismo que fomos inseridos nesta Igreja.

Tornamo-nos participantes desta comunidade que crê, que procura dar testemunho de sua fé.

Nesta Igreja precisamos concretizar a mensagem de Cristo, transformando o mundo para que seja sempre mais cristão e caminhe segundo a vontade do Pai.

Por isso dizemos que Igreja somos todos nós.

A Igreja, através dos cristãos, tem como missão:

– Ser um sinal de fé e esperança.

– Ser luz no meio das trevas, do pecado, do egoísmo, das injustiças irradiando paz, justiça e fraternidade.

– Fazer com que aconteça o Reino de Deus.

– Ser sinal de libertação e salvação.

1. Iluminação bíblica

At 2,42-47: os primeiros cristãos

Mt 5,14-16: vós sois a luz do mundo...

2. Aprenda para a vida

1. O que é a Igreja?

– A Igreja é a comunidade dos que aceitam Jesus Cristo como Salvador e vivem na fé, no amor e na fraternidade.

2. Qual é a missão da Igreja?

– Ser testemunha de Jesus Cristo ressuscitado.

– Viver em comunidade.

– Viver no amor, na justiça e na fraternidade.

– Ser sinal de libertação e salvação.

3. Atividades

1. Enumere a segunda coluna de acordo com a primeira:

1. Igreja	( ) Mensagem de Cristo
2. Comunidade	( ) Dos irmãos
3. Povo de Deus	( ) Lei de Cristo
4. Profeta	( ) Filhos de Deus
5. Boa-nova	( ) Que caminha
6. Repartir o pão	( ) Que denuncia
7. Missão	( ) Evangelizar
8. Batizados	( ) É a comunidade dos irmãos na fé
9. Comunhão	( ) Que vive unida
10. Amor	( ) Dar

2. Leia Atos 2,42-47.

Diga quais as características da Igreja primitiva confrontando com a nossa realidade.

....
....
....
....
....
....

4. Atividade para os pais

Escreva em que momentos e quando vocês participam da Igreja, do culto.

....
....
....
....
....

11ª Reunião

A IGREJA QUE CRISTO QUIS
Igreja, comunidade de fé, de culto e de caridade

A gente vai ver neste encontro como foi a Igreja bem no começo, no tempo dos apóstolos.

Depois da ressurreição, os apóstolos ensinaram o que Jesus viveu e ensinou. Assim se formaram as primeiras comunidades cristãs.

Pertenciam a essas comunidades os que aceitavam os ensinamentos dos apóstolos, se convertiam a Cristo e eram batizados.

Vamos escutar como era a vida desses primeiros cristãos, contada por São Lucas, um dos discípulos dos apóstolos.

– Leitor 1: Atos dos Apóstolos 4,32-34:

"A multidão dos fiéis era um só coração e uma só alma. Ninguém dizia que eram suas as coisas que tinham: tudo entre eles era comum. Os apóstolos davam testemunho da ressurreição de Jesus com grande coragem. Em todos eles era grande a graça. Não havia entre eles nenhum necessitado, porque todos vendiam suas terras e suas casas e traziam o dinheiro da venda aos apóstolos. Então eles repartiam a cada um conforme a sua necessidade".

– Leitor 2: Atos dos Apóstolos 2,42-47:

"Os primeiros cristãos eram firmes no ensinamento dos apóstolos, nas reuniões em comunidade, na celebração da Eucaristia e nas orações. Todos os fiéis viviam unidos e tinham tudo em comum. Unidos de coração, iam todos os dias ao templo. Repartiam o pão em suas casas e comiam com alegria e simplicidade de coração, louvando a Deus e conquistando a simpatia de todo o povo".

– Vamos estudar em três grupos dois trechos da Bíblia, porque eles nos ensinam muitas coisas. Nós sabemos que a Igreja deve ser uma comunidade de fé, de culto e de caridade.

Vamos descobrir isto nas leituras:

GRUPO I: COMUNIDADE DE FÉ

1. Onde aparece nestes textos acima que os primeiros cristãos viviam em *comunidade de fé*? (Ler de novo o texto).

2. Quem educava para a fé e pregava a Palavra de Deus aos primeiros cristãos?
3. Quem educa para a fé e prega a Palavra de Deus na nossa comunidade?
4. Quem prepara os líderes?
5. Quem prepara os jovens?
6. Quem educa as crianças na fé?
7. Como os adultos se educam na fé?
8. Os grupos de reflexão ajudam o crescimento da fé dos adultos? Por quê?

GRUPO II: COMUNIDADE DE CULTO
1. Onde aparece nos textos acima que os primeiros cristãos viviam em *comunidade de culto*? (Missa, culto dominical. Se preciso, ler de novo os textos).
2. Quem dirige nosso culto? Quem prepara essas lideranças?
3. E o povo também celebra o culto? Como? Quando? Por quê?
4. Vocês gostam de participar da oração da comunidade? Sim? Não? Por quê?
5. Por que os cristãos rezam em casa e também se reúnem na Igreja?
6. Como deve ser feito o culto, para que seja um verdadeiro louvor a Deus?
7. Quais as sugestões que vocês dão para melhorar o culto na comunidade?

GRUPO III: COMUNIDADE DE CARIDADE
1. Onde aparece nos textos acima que os primeiros cristãos viviam em *comunidade de caridade*? (Se preciso, ler de novo o texto)
2. Por que os cristãos repartiam os seus bens com os necessitados?
3. É possível ser discípulo de Cristo sem repartir os bens com os outros? Por quê?
4. Todas as comunidades cristãs precisam fazer como os primeiros cristãos?
5. Quais as sugestões que vocês dão para que as comunidades cristãs sejam comunidades onde se vive a caridade?
6. Quais os serviços que os jovens podem assumir para que em nossa comunidade tenha menos exploração, sofrimento e mais justiça e fraternidade?

Dirigente: Acabamos de estudar um pouco como eram as comunidades dos primeiros cristãos e fizemos uma comparação com a nossa comunidade. Vamos dar mais um passo e ver como é que eles conseguiram formar comunidades tão boas. É claro que eles também tinham seus erros e pecados, pois os cristãos não eram perfeitos. Mas havia muito mais coisas boas que coisas ruins no meio deles.

Vamos escutar a leitura:

Leitor 1: Os apóstolos, os bispos, os presbíteros (padres) e os líderes das comunidades do começo da história da Igreja não recebiam na comunidade qualquer pessoa sem mais nem menos. Ser cristão, naquele tempo, era difícil. Os cristãos eram perseguidos, porque não queriam adorar o imperador nem aceitavam a religião fingida dos fariseus. Só ficava cristão quem se convencia de que Cristo era o único Salvador e estava disposto a dar a vida por ele, se fosse preciso.

De fato, todos os apóstolos e muitos outros discípulos naquele tempo derramaram seu sangue por Cristo.

Por isso a Igreja, naquele tempo, fazia três exigências:

1. Um longo tempo de estudo da Bíblia e do Evangelho para conhecer a Jesus Cristo (comunidade de fé).

2. A pessoa devia mostrar que era capaz e gostava de participar do culto da comunidade (comunidade de culto).

3. Devia fazer algum serviço na comunidade e ajudar os pobres (comunidade de caridade.

Este tempo todo de estudo, oração e trabalho era chamado de *catecumenato*.

Quando a pessoa cumpria bem com estas exigências, então podia ser batizada, receber a Eucaristia e ser crismada.

1. Iluminação bíblica

At 2,42-47

Lc 10,1-12

1Cor 12,1-4

Mt 9,35-38

2. Aprenda para a vida

1. O que é catecumenato?

– É a preparação para o Batismo, a Eucaristia e Crisma, através de estudo, oração e serviços na comunidade.

2. Quais as características da Igreja primitiva?

– Formavam uma Igreja de fé, de culto e de caridade.

3. O que é grupo de reflexão?

– São famílias que se reúnem e formam grupos para refletir, rezar, se ajudarem e viverem em comunidade.

3. Atividades

1. Ler Atos 6,1-7 e responder: Por que foram escolhidos diáconos na Igreja dos primeiros cristãos?

....

....

....

....

....

2. Quais são as necessidades de nossa comunidade?

....

....

....

....

....

3. Diante dessas necessidades, em que atividade de Igreja você gostaria de se engajar?

....

....

....

....

....

....

4. Atividade para os pais

Faça uma visita a um grupo de reflexão. Escreva suas impressões sobre o grupo.

....

....

....

....

....

....

V Unidade

OS SACRAMENTOS

12ª Reunião

OS SACRAMENTOS, GESTOS E SINAIS DE AMOR DE DEUS
Os sacramentos são sinais da presença de Deus em nossa vida

Na nossa vida conhecemos muitos sinais e gestos. Eles mostram o que vai por dentro de nós. O que sentimos: um aperto de mão, um sorriso, um presente que se dá significa algo de nós. E quantas vezes os gestos dizem muito mais que as palavras. Os gestos falam. Não precisamos dizer nada, mas com um gesto manifestamos a raiva ou o amor que sentimos. Os gestos são necessários à vida humana. Fazem parte dela. Portanto, os gestos são sinais que significam uma realidade que se torna conhecida através do gesto.

Examinando a vida de Cristo, observamos muitos gestos. Gestos que significam muito. Estes gestos tornam-se sinais. Sinais de quê? Sinais de que o amor de Deus se faz presente através do Cristo. Ele se faz sinal do Pai a nós. Cristo é o sinal do amor do Pai para conosco.

Cristo usa sinais para manifestar o amor e transmitir a vida: "Eu vim para que tenham vida..." Portanto, os sinais de Cristo são sinais de salvação.

Lembremos alguns sinais:

Ele *estende a mão* sobre o mar furioso e este se acalma.

Ele coloca os dedos nos ouvidos, toca com saliva a língua do surdo-mudo e este fica curado.

Pega na mão da filha de Jairo e diz para levantar-se, tirando-a da doença e devolvendo-lhe a saúde.

Com uma palavra ressuscita Lázaro dizendo: "Eu te ordeno, vem para fora", e ele ressuscita, sendo tirado da morte e colocado na vida.

A instituição da Eucaristia: "Tenho desejado ardentemente comer convosco esta páscoa... e tomando o pão e o vinho diz: 'Isto é meu corpo, isto é meu sangue, dados por vós como sinal da nova aliança'".

Aqui encontramos o grande gesto e o grande sinal de Cristo: a sua doação plena.

Este poder de fazer sinais de salvação Jesus transmite aos seus apóstolos: Mt 28,18-20.

E ainda hoje continua através de nós, através da Igreja.

A Igreja usa também sinais, gestos e palavras que tornam presente Cristo. São os sacramentos.

Os sacramentos são sinais que Cristo deixa na Igreja, para sabermos que Ele está presente comunicando a vida de Deus.

Não são sinais mágicos, nem automáticos. Mas exigem uma resposta de quem nos recebe, uma atitude de fé.

Por exemplo: Cristo ao curar os dois cegos de Jericó se serve da palavra e do gesto. Da parte dos dois que ficaram curados o Evangelho diz: "... e eles o seguiram". Acreditaram em Cristo, modificaram sua vida e seguiram o Senhor.

Os sacramentos são sinais que se tornam eficazes para nós, no momento em que adquirem um significado e damos uma resposta.

Vejamos os momentos importantes da vida que Cristo escolheu e quais os gestos sacramentais correspondentes:

MOMENTOS VIVENCIAIS

1. *Nascimento*: entrada na família.

2. *Banquete*: reúne toda família para a confraternização.

3. *Maioridade*: entrada na sociedade dos adultos e responsabilidade.

4. *Julgamento*: reparação de erros cometidos.

5. *Doença e morte*: solidariedade e dor.

6. *União*: entre um homem e uma mulher. Alegria, compreensão, apoio. Opção de vida.

7. *Eleição*: nomeação para cargos públicos.

GESTOS SACRAMENTAIS

1. *Batismo*: entrada na Igreja de Cristo.

2. *Eucaristia*: encontro pessoal com Cristo e com os irmãos.

3. *Crisma*: compromisso público com a Igreja e vivência cristã.

4. *Penitência*: reconciliação e conversão.

5. *Unção dos enfermos*: conforto e saúde aos doentes.

6. *Matrimônio*: santificação do amor. Criação e educação dos filhos na fé.

7. *Ordem*: unção sacerdotal. Consagração a serviço da comunidade.

1. Iluminação bíblica

Mt 9,1-7

Mt 20,29-34

Jo 2,1-12

2. Aprenda para a vida

1. O que é um sacramento?

– Sacramento é um sinal da presença de Deus em nossa vida.

2. Quais são os 7 sacramentos?

– Batismo, Penitência, Eucaristia, Crisma, Matrimônio, Ordem e Unção dos Enfermos.

3. O que se exige de quem recebe um sacramento?

– Se exige uma atitude de fé, de participação na comunidade e compromisso com os irmãos.

3. Atividade

Procure na Bíblia as seguintes passagens dizendo a que sacramento se referem:

Mt 28,19 ....

At 2,38 ....

At 15,41 ....

At 18,23 ....

Jo 20,23 ....

Cl 3,13 ....

Tg 5,14 ....

Hb 13,4 ....

1Cor 10,16s ....

1Cor 7,33.39 ....

4. Atividade para os pais

1. Como vocês vivem o Sacramento do Matrimônio em família?

....

....

....

....

....

....

....

....

2. Como é feita a preparação ao matrimônio na família?

....

....

....

....

....

....

13ª Reunião

BATISMO: SINAL E SÍMBOLO DE FÉ
O Batismo é o sinal que me compromete com a Igreja e com o irmão

Em grupo vamos responder a duas perguntas e em seguida vamos discutir as nossas opiniões com todos os colegas.

ESTUDO EM GRUPO

1. O que entendo por batismo?

2. Por que fui batizado?

O Batismo é o primeiro sacramento que recebemos. O Batismo nos faz cristãos, membros de uma Igreja, comprometidos com Jesus Cristo e com sua mensagem de libertação. O batizado tem o compromisso de viver em fraternidade, de lutar pela justiça e denunciar tudo aquilo que deforma a imagem e semelhança de Deus no homem.

Para entender melhor o Batismo devemos observar como ele se realiza e entender-lhe os símbolos.

ÁGUA: A Bíblia muitas vezes nos fala do sentido da água. Cristo utilizou a água para o seu Batismo; no milagre de Caná, no diálogo com a samaritana.

A água é o princípio da vida. É indispensável. Serve para aumentar e salvar a vida, mas também significa muitas vezes morte (afogamento por exemplo). No Batismo ela é utilizada para simbolizar exatamente estas duas realidades: *Morte e Vida*.

– *Morte* para o mal, pecado, egoísmo, falta de amor, injustiça e tudo o que deforma a imagem e semelhança de Deus no homem.

– *Vida* para crescer sempre mais, lutar pelo Reino de Deus, para que haja mais vida.

LUZ: a luz em todos os tempos teve a mesma finalidade e significado: iluminar, tirar o homem das trevas, indicar caminho, aquecer.

No Batismo: a vela acesa é utilizada para significar que o cristão deve ser alguém que no ambiente em que vive é luz para os outros. "Vós sois a luz do mundo" (Mt 5,13-16).

Lutar contra as trevas e a escuridão para que haja mais luz.

ÓLEO: Usou-se sempre o óleo para fortificar os músculos para as lutas. E a Igreja usa este sinal, para lembrar que o batizado deve se preparar para a luta contra o mal e ser cristão participante da comunidade.

VESTE BRANCA (nova): Usa-se no Batismo para significar que o batizado dever conservar na vida a graça recebida e também para ser o homem que semeia a paz, que transpira confiança, verdade, pureza.

PALAVRA: Todos esses sinais são acompanhados por palavras que colocam o seu verdadeiro sentido. Em resumo todos esses sinais, gestos, simbolizam o que o próprio Batismo faz: cristãos, membros da Igreja, comprometidos com a comunidade. Isso nos lembra:

– do compromisso de assumirmos a nossa vida e lutar por ela, de termos sempre mais uma vida nova, renascidos pela água e pelo Espírito (Jo 3,1-11), de pertencermos conscientemente ao povo de Deus.

– de pertencermos a uma comunidade, a Igreja, e de que nesta Igreja é preciso lutar pela justiça, pela verdade, pela fraternidade, viver em comunidade.

Portanto, eu não fui só batizado, mas devo ser alguém que vive como batizado.

1. Iluminação bíblica

Jo 3,1-11: quem não renascer

Rm 6,1-11: morte e vida em Jesus Cristo

2. Aprenda para a vida

1. O que nos confere o Batismo?

– O Batismo nos faz cristãos, membros da Igreja e comprometidos com a comunidade.

2. Quais são os símbolos usados no Batismo?

– Água, óleo, vela acesa e veste branca (nova) e palavras: "Eu te batizo em nome do Pai, do Filho e do Espírito Santo".

3. Atividades

1. Anote:

Dia do seu batizado ....

Local ....

O padre celebrante ....

Padrinho e madrinha:

Padrinho ....

Madrinha ....

Qual é a importância deles para você ....

....

....

....

....

....

2. Enumere a 2ª coluna de acordo com a 1ª:

1. Batismo	( ) Viver o Batismo
2. Vela acesa	( ) Princípio da vida nova
3. Palavras pronunciadas durante o batismo	( ) Crescer sempre mais, lutar pelo bem
4. Água	( ) Vós sois a luz do mundo
5. Sinal de mais vida	( ) 1º sacramento através do qual pertencemos à Igreja
6. Ser cristão	( ) Eu te batizo em nome do Pai, do Filho e do Espírito Santo

3. Participe de um batizado na sua comunidade e escreva o que mais lhe chamou a atenção.

....

....

....

....

....

....

....

4. Atividade para os pais

O que é viver no Batismo? Vocês o vivem? Sim? Não? Por quê?

....

....

....

....

....

....

....

....

....

14ª Reunião

O NOSSO COMPROMISSO COM A IGREJA
Viver o Batismo no dia a dia da vida

A Igreja é um grupo de pessoas que querem viver o amor, a fé, a doação, a justiça, a fraternidade, seguindo o exemplo de Jesus Cristo.

Pelo Batismo se dá esse encontro com Cristo. É a entrada na comunidade. Quando você foi batizado, você era criancinha, seus pais e padrinhos responderam por você e se comprometeram a educá-lo de maneira que no dia a dia você tomasse conhecimento desta vida maravilhosa de batizado.

Mas agora já pode decidir por si.

A vida que recebemos no Batismo é um ponto de partida. Ela precisa crescer, desabrochar e desenvolver através do esforço, da luta, do amor, do serviço, da vivência da fé.

O BATISMO NOS OFERECE:

– Uma comunidade de amor: a Igreja.

– Ajuda mútua e bons exemplos dos amigos cristãos.

– Participação de todos os meios de santificação: sacramentos.

– O amor de Deus, as luzes do Espírito Santo, a redenção de Jesus Cristo.

– A garantia da vida eterna.

O BATISMO NOS COMPROMETE A:

– Seguir Jesus Cristo e viver a sua mensagem do Evangelho.

– Lutar contra: o mal, o pecado, a destruição, a injustiça, a confusão, o ódio, a discórdia, a poluição.

– Viver a vida nova na fé, na esperança, na caridade, na justiça, na fraternidade, na alegria.

– Participar da comunidade.

– Participar de grupos de jovens, grupos de reflexão.

– Ser o sinal de salvação: "Vós sois o sal da terra..."

– Ser sinal de fé e de esperança para quem perdeu a esperança.

– Ser luz no meio das trevas, do egoísmo, do vício, irradiando e iluminando pelo testemunho a luz da paz, da alegria.

– Fazer acontecer o Reino de Deus aqui e agora.

– Lutar pela justiça, pelos direitos humanos.

MISSÃO DO BATIZADO

O cristão é aquele que através do Batismo procura ser:

– *Profeta*: Que anuncia Jesus Cristo como Salvador e Libertador.

Que anuncia a palavra de Jesus Cristo.

Que denuncia as injustiças, as explorações, os erros e pecados.

– *Sacerdote*: Missão de oferecer a Deus a própria vida, os trabalhos.

Fazer do trabalho não apenas uma maneira de ganhar a vida, mas de realização pessoal e comunitária.

– *Rei*: Temos a missão de transformar o mundo. A terra é de todos. Todos temos o direito ao trabalho, à vida, às condições para viver. Somos todos iguais.

– *Formador de comunidade*: O batizado não vive sozinho, mas em comunidade, nos grupos de jovens, nos grupos de reflexão, na sua comunidade.

– *Educador da Fé*: Primeiro educar a sua própria fé através da catequese, dos grupos de jovens, dos grupos de reflexão.

Segundo, um educador da fé: como catequista, como dirigente de culto, equipe de liturgia, coordenador de grupo de reflexão e de jovens.

Quando assumimos a nossa missão de cristãos desenvolvendo nossas capacidades e vivendo a fraternidade, a justiça, estamos construindo o mundo. Cada um de nós deve se preocupar para que haja um mundo mais humano e justo.

1. Iluminação bíblica

Rm 6,1-6: morte e vida

Jo 3,5s: renascer da água e do Espírito Santo

Lc 4,18-19: enviados para evangelizar

2. Aprenda para a vida

1. Quais são os compromissos com o Batismo?

– Seguir Jesus Cristo, lutar contra o mal, viver a vida da fé, esperança e caridade, participar da comunidade (grupos de jovens, de reflexão, do culto, de celebração);

2. Qual é a missão do batizado?
— Profeta, sacerdote, rei, formador de comunidade e educador da fé.

3. Atividades

1. Enumere exemplos concretos de pessoas que vivem a missão de batizados e estão construindo um mundo melhor.

....
....
....
....
....

2. Preencher os quadrados:
1. Primeiro sacramento dos cristãos
2. Uma das missões do batizado
3. Viver uma vida de irmãos
4. Antônimo de escravidão
5. Pediu para ser batizado por João Batista
6. Vida em grupos
7. O Batismo nos faz

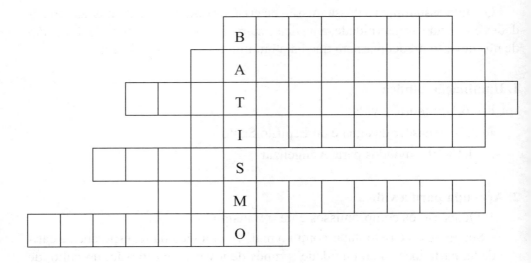

4. Atividade para os pais

Reúna sua família para rezar a Oração de São Francisco de Assis, p. 127.
Você conseguiu?
Sim? Não? Por quê?

....
....
....
....
....
....
....

15ª Reunião

A CELEBRAÇÃO DA COMUNIDADE
Na celebração a comunidade se encontra na fé e se fortifica na unidade

Todos nós gostamos de nos reunir com pessoas amigas e passarmos horas agradáveis. Quando alguém está celebrando um dia importante, como aniversário, casamento, formatura, celebramos uma festa. Ela se realiza, porque as pessoas se encontram e querem festejar um fato, um acontecimento.

Celebrar é: alegrar, dialogar, tirar uma mensagem, estar com as pessoas, sentir uma alegria interna. Tudo isso por causa de um *fato*, de um acontecimento em torno de pessoas. A pessoa, o fato, o acontecimento, passa a ser o motivo da alegria, do encontro, da vida.

A Eucaristia faz parte da vida do cristão. É um encontro de pessoas, encontro com Deus e com os irmãos que juntos querem louvar, agradecer, adorar e celebrar um acontecimento: a morte e a ressurreição de Jesus Cristo. Eucaristia é fonte de vida, que anima a fé pela Palavra de Deus, pela comunhão e pelo compromisso assumido. É Deus conosco, uma comum-união.

A Eucaristia atualiza a obra salvadora e libertadora de Cristo. Por isso não se edifica nenhuma comunidade cristã se ela não tiver por raiz e centro a Eucaristia. É para louvar, adorar e agradecer a Deus que vamos participar da Eucaristia com cânticos, orações e gestos... então a missa passa a ser esta grande descoberta: Deus caminha comigo e eu me comprometo com Ele e com os irmãos.

COMO CRISTO CELEBROU A PRIMEIRA MISSA

Cristo falava muito das coisas da vida do povo. Falava dos lírios, do trigo, da luz, da pesca. Matava a fome das pessoas, dava uma palavra de esperança aos tristes, aos doentes. Foi a um casamento em Caná da Galileia. Jantou com Zaqueu. Participava das atividades comuns de uma pessoa. Vivia a vida do povo simples, contudo, não só participava, mas dava um novo sentido às coisas, uma nova mensagem. E, antes de morrer, ele quis celebrar tudo isto com seus apóstolos.

No final da sua vida, na tarde de Quinta-feira Santa, Jesus mandou que os apóstolos preparassem uma ceia pascal. Estando reunidos durante a refeição, Jesus tomou o pão, partiu e disse: "Tomai e comei, isto é o meu corpo". Depois tomou o cálice com vinho e disse: "Tomai e bebei, isto é o meu sangue". Assim Jesus celebrou a Eucaristia. Não foi apenas uma refeição, mas foi o próprio Jesus Cristo que se fez alimento, comunhão, celebração e fonte de vida. Jesus Cristo na Eucaristia doou sua vida.

Ele se torna novo alimento, nova vida e é a presença viva de Deus no meio de nós.

Quando celebramos a Eucaristia, celebramos a salvação deixada a nós por Cristo. É a manifestação plena do amor de Deus. É o próprio Jesus Cristo que se fez alimento para nós. Quando celebramos a Eucaristia não devemos apenas assistir, mas participar. A missa é a nossa vida, colocada sobre o altar como oferta a Deus.

A Eucaristia faz parte da vida do cristão. Ela fortalece a fé, nos leva ao encontro com Deus e com os irmãos, desperta para a fonte da vida, nos leva a um compromisso com a comunidade, com a justiça e a fraternidade.

1. Iluminação bíblica

1Cor 11,17-34: a instituição da Eucaristia

At 2,43-47: a comunidade dos primeiros cristãos

Lc 22,14-23: a última ceia

2. Para estudar em grupo

1. O que é celebrar?
2. Quais são os fatos, acontecimentos que o povo hoje celebra?
3. Como Jesus Cristo celebrou a Eucaristia?

3. Aprenda para a vida

O que é celebração eucarística?

– É a comunidade que se reúne para celebrar um acontecimento, a morte e ressurreição de Jesus Cristo.

4. Atividades

Pesquisa sobre a missa?

1. O que é Liturgia da Palavra?

....

....

....

....

....

....

....

2. O que é Liturgia Eucarística?

....

....

....

....

....

....

....

5. Atividade para os pais

Leia a mensagem desta reunião e responda: o que celebramos na missa?

....

....

....

....

....

....

16ª Reunião

O PECADO: RUPTURA COM DEUS E A COMUNIDADE
O pecado quebra a harmonia com Deus, destrói a comunidade, oprime o irmão e frustra a própria vida

Somos pessoas humanas. Temos qualidades, inteligência e capacidade para crescer, para ser alguém na vida. Contudo percebemos limitações, fracassos, atitudes erradas. Sentimos uma força que nos atrai para o mal, o erro, o egoísmo, o não crescimento. É o pecado. Quando sentimos dentro de nós uma situação de vazio, tristeza, desânimo, temos a necessidade de conversar com alguém, de contar. Parece que com o simples fato de desabafar já sentimos alívio.

Cristo nos conhece. Ele sabe que somos pessoas, por isso nos deixou o sacramento do perdão.

ESTUDO EM GRUPO

Pesquise em Mt 25,31-46 e a partir deste texto diga o que é pecado no mundo hoje.

O PECADO

Pecado é tudo aquilo que nos afasta de Deus. É a não participação da vida da Igreja, é o afastamento da comunidade, o não interesse pelos problemas da comunidade. É a destruição das pessoas por conversas, atitudes, falta de equilíbrio, não cumprimento dos deveres com a família, não querer aprender e viver a religião.

O pecado não é só o mal que faço à Igreja, à comunidade, ao irmão, a Deus e a mim mesmo, mas é o bem que poderia ter feito e deixei de fazer: o pecado de omissão.

Os grandes pecados de nosso tempo são: falta de amor, desrespeito à vida e à propriedade alheia, injustiça, violação dos direitos humanos, exploração do próximo, lenocínio, orgulho, ganância de poder, de riquezas e prazeres, rebaixamento da mulher, egoísmo, insensibilidade diante da miséria dos marginalizados por parte dos que tudo têm, sedução de menores, poluição.

"Vemos à luz da fé, como um escândalo e uma contradição com o ser cristão, a brecha crescente entre ricos e pobres. O luxo de alguns poucos converte-se em insulto contra a miséria das grandes massas. Isto é contrário ao plano do Criador e à honra que lhe é devida. Nesta angústia e dor, a Igreja discerne uma situação do pecado social, cuja gravidade é tanto maior quanto se dá em países que se dizem católicos e que têm a capacidade de mudar: 'que se derrubem as barreiras da exploração... contra as quais se estraçalham seus maiores esforços de promoção'" (João Paulo II, *Alocução Oaxaca* 5, AAS, LXXI, p. 209) (*Puebla* n. 28).

"Do coração dos vários países que formam a América Latina está subindo ao céu um clamor cada vez mais impressionante: É o grito de um povo que sofre e que reclama justiça, liberdade e respeito aos direitos fundamentais dos homens e dos povos" (*Puebla* n. 87).

"Há pouco mais de dez anos, a Conferência de Medellín já constatava este fato, ao afirmar: 'Um clamor surdo brota de milhões de homens, pedindo a seus pastores uma libertação que não lhes chega de nenhuma parte'" (*Pobreza da Igreja*, 2) (*Puebla* n. 88).

"O clamor pode ter parecido surdo naquela ocasião. Agora é claro, crescente, impetuoso e, em alguns casos, ameaçador" (*Puebla* n. 89).

Também são formas de pecado: os tóxicos, álcool, vícios, preguiça, revolta, roubos, assaltos, o mais forte explorando o mais fraco.

Pecado é tudo aquilo que destrói a harmonia com Deus, com a comunidade, oprime o irmão e estraga a própria vida.

ATITUDE DE CRISTO

Jesus Cristo tem um amor especial pelos pecadores. "Vinde a mim vós todos que estais aflitos e sobrecarregados e eu vos aliviarei" (Mt 11,28-29). Em algumas passagens do Evangelho percebemos a posição de Cristo diante dos pecadores: com a mulher adúltera, o perdão e o acolhimento (Jo 8,1-11); na parábola do filho pródigo o recebimento, a acolhida, o perdão (Lc 15,11-32); com a samaritana, o perdão e o diálogo (Jo 4,1-42).

Cristo veio ao mundo para perdoar e salvar, por isso ele nos deixou o sacramento do perdão: a confissão. "Recebei o Espírito Santo. Àqueles a quem perdoardes os pecados serão perdoados, a quem não perdoardes não serão perdoados" (Jo 20,22).

O PERDÃO

A confissão é o sacramento para adquirirmos o perdão. É o sacramento da alegria, do perdão, da misericórdia e a certeza humana e divina de que Deus nos perdoa. A confissão nos dá forças para vencer o mal: reconstrói a vida estragada pelo pecado, nos aproxima do irmão, nos reintegra na comunidade cristã. A confissão oferece:

– Forças para a luta contra o mal.

– Vida de Deus em nós.

– Reconciliação com o irmão.

– Harmonia com a comunidade.

– Alegria para a vida.

PASSOS DA RECONCILIAÇÃO

1. Crer e confiar na misericórdia de Deus.

2. Reconhecer que o homem é capaz de mudar sua vida.

3. Ter vontade de se reerguer e iniciar uma nova caminhada.

4. Saber perdoar o irmão e perdoar-se a si mesmo.

5. Celebrar a reconciliação através da confissão.

PASSOS PARA A CONFISSÃO DOS CRISTÃOS

1. A preparação

– O cristão, ao menos uma vez por ano, deve celebrar o sacramento da reconciliação.

– O cristão, ao receber os sacramentos da Eucaristia, Crisma, Matrimônio, Ordem e Unção dos Enfermos, necessita primeiro se reconciliar e celebrar o Sacramento da Penitência.

– Preparar-se para a confissão através de:

– Exame de consciência (pensar, refletir nos pecados que tem feito contra Deus, a Igreja, a comunidade, os outros, o universo, o bem-comum e contra si mesmo) e refletir sobre o *bem* que poderia ter feito e deixou de fazer.

– Arrepender-se (reconhecer que errou, que pecou).

– Desejar mudar de vida (reassumir a vida para um caminho melhor).

– Confessar-se diante de um sacerdote que em nome da Igreja pede o perdão de Jesus Cristo.

– Cumprir a penitência.

2. A confissão

1. Diante do sacerdote ajoelhar-se e fazer o sinal da cruz e dizer: "Dai-me a vossa bênção. Estes são os meus pecados. A minha última confissão faz..."

2. Conversar, dialogar sobre os pecados. Fazer as perguntas sobre as dúvidas. Pedir esclarecimentos.

3. O sacerdote, baseado neste diálogo, orienta o penitente para uma atitude de vida.

4. O sacerdote reza a oração de absolvição e, quando faz o sinal da cruz, o penitente também faz.

5. Cumprir a penitência.

1. Iluminação bíblica

Rm 5,12-21: o pecado original

Jo 8,1-11: atitude de Cristo diante do pecador.

2. Aprenda para a vida

1. O que é pecado?

– Pecado é uma ruptura com Deus, com o universo, com o irmão, com a Igreja e consigo mesmo.

2. Quais alguns passos para a reconciliação?

– Crer e confiar na misericórdia de Jesus.

– Reconhecer que o homem é capaz de mudar sua vida.

– Reerguer-se e iniciar uma nova caminhada.

– Saber perdoar.

– Celebrar a reconciliação através da confissão.

3. Atividades

Leia Lc 15,11-32 e descreva os passos de afastamento e volta do filho pródigo. Esta realidade ainda acontece hoje?

....

....

....

....

....

....

....

4. Atividade para os pais

Para vocês pecado é (assinale):

( ) ruptura com Deus

( ) injustiças e opressões

( ) infidelidade matrimonial

( ) não viver o Batismo

( ) pensar só em si

( ) não participar da comunidade

( ) explorar o próximo

( ) poluir a natureza

VI Unidade

O SACRAMENTO DA CRISMA

17ª Reunião

O ESPÍRITO SANTO NA IGREJA
O Espírito Santo une, santifica, orienta e ilumina a Igreja

Muitas vezes já escutamos falar sobre o Espírito Santo e o invocamos em nossas preces. Constantemente a Igreja convida a invocarmos seus dons e ação em nossa vida. Mas será que entendemos o valor do Espírito Santo em sua ação?

O ESPÍRITO SANTO E OS APÓSTOLOS

Cristo fala sobre o Espírito Santo, o Espírito da verdade, do entendimento, da sabedoria. "Quando vier o Paráclito, o Espírito da verdade ensinar-vos-á a verdade, porque não falará por si mesmo, mas dirá o que ouvir de meu Pai e anunciar-vos-á as cosias que virão" (Jo 16,5-14).

E isto aconteceu com os apóstolos. Eram pessoas simples, mas com muito boa vontade. Aos poucos foram descobrindo e aderindo à mensagem que Cristo lhes trouxera. No entanto, necessitavam de alguém que os formasse mais, que os encorajasse a partirem para uma missão. Então vemos a descida do Espírito Santo ou o momento em que os apóstolos sentiram o impulso de alguém que se faz presente na vida deles.

Ler Atos 2,1-13.

A partir daí:

– Iniciaram a missão de anunciar o Reino de Deus.

– Assumiram as consequências desta missão.

– Entenderam melhor tudo o que se relacionava a Cristo: vida e missão.

Através da ação do Espírito Santo entendem que devem viver na unidade, na verdade, na fraternidade e na comunidade. Assumem a missão de evangelizar. Os frutos se fazem sentir.

Cristo depois da ressurreição, no início da Igreja, manifestou sua presença através da ação do Espírito Santo. É o Espírito Santo que acompanha a Igreja. É a força que impulsiona, dá coragem, esclarece, indica o caminho a seguir, dinamiza a caminhada da Igreja (At 2,14-41).

Nos momentos críticos da Igreja, a ação do Espírito Santo se faz presente iluminando e indicando o caminho a seguir.

Portanto, é o Espírito Santo que:

– *Une* e *santifica* a Igreja. Por isso ela reza: "Enviai, Senhor, o vosso Espírito e tudo será de novo criado e renovareis a face da terra".

– Une os homens entre si e com Deus.

– *Orienta* e *ilumina* fazendo que ela descubra através dos sinais dos tempos a presença de Deus na história.

– Convoca sempre mais para que a Igreja assuma seu papel no mundo.

– Convoca os cristãos para que permaneçam atentos à mensagem de Cristo; a mensagem da Igreja através de seus documentos e os direitos fundamentais da pessoa humana.

O cristão sempre que luta pelo bem, pela fraternidade, pela justiça e pela sua comunidade, manifesta a presença do Espírito Santo.

1. Iluminação bíblica

At 2,1-13: a vinda do Espírito Santo

1Cor 12,4-11: os dons do Espírito Santo

Gl 5,22: a ação do Espírito Santo

2. Estudo em grupo

Leia At 2,14-41 e escreva 5 ideias fundamentais que se encontram no sermão de Pedro.

....

....

....

....

....

....

....

....

3. Aprenda para a vida

Memorize a oração ao Divino Espírito Santo:

"Vinde, Espírito Santo, enchei os corações de vossos fiéis e acendei neles o fogo do vosso amor. Enviai, Senhor, o vosso Espírito e tudo será criado e renovareis a face da terra.

Oremos.

Ó Deus, que iluminastes os corações dos vossos fiéis com a luz do Espírito Santo, fazei que apreciemos todas as coisas segundo o mesmo Espírito e gozemos sempre da sua consolação.

Por Cristo Senhor Nosso.

Amém."

4. Atividades

1. A partir de que fatos os apóstolos iniciaram sua pregação? Ler At 2,1-41.

....
....
....
....
....
....

2. Qual é a ação do Espírito Santo na Igreja?

....
....
....
....
....
....

3. Indique momentos fortes da ação do Espírito Santo no mundo.

....
....
....

....

....

....

....

5. Atividade para os pais

Escreva: Em que momentos vocês sentiram a presença do Espírito Santo na vida?

....

....

....

....

....

....

18ª Reunião

O SACRAMENTO DA CRISMA
Onde houver vida, aí está o Espírito Santo

Todos nós temos momentos marcantes na vida (datas, aniversários, uma opção, etc.).

Foram momentos que de uma ou de outra forma tentaram modificar nossa vida ou modificaram. Este tempo de preparação deverá ser algo marcante, como o próprio Sacramento da Crisma.

O QUE É A CRISMA?

É o sacramento que:

– Confirma o nosso batismo.

– Faz-nos profetas da nova aliança.

– Faz-nos reassumir de maneira adulta e consciente o batismo.

– Quer ser uma força na nossa luta contra o mal, o pecado e a injustiça.

– Faz-nos livres e alegres como cristãos.

– Compromete-nos com Jesus Cristo, com a Igreja, com a comunidade e com os homens, especialmente os mais pobres, oprimidos e injustiçados.

Como os outros sacramentos, contém gestos, palavras e sinais.

Vejamos os principais gestos e seus significados para entendermos melhor este sacramento:

1. Imposição das mãos

Significa a transmissão do Espírito Santo. O bispo impõe as mãos sobre cada crismando ou sobre os crismandos para transmitir-lhes o Espírito do Senhor.

A imposição das mãos é um sinal de escolha divina.

Este gesto era muito usado no começo da Igreja. Por exemplo em At 6,6; 9,17-18; Mt 19,13.

Os apóstolos também impunham as mãos para fazer milagres. Em At 5,12 lemos: "Pelas mãos deles faziam-se muitos milagres e prodígios no meio do povo."

Este gesto simples e humano, acompanhado da oração, traz consigo a graça de curar doentes, consagrar bispos e sacerdotes, transmitir vida e paz.

A imposição das mãos é um sinal de comunicação do Espírito Santo.

Consagra o crismando para que seja:

– Profeta e testemunha de Jesus Cristo.

– Comprometido com a realidade do homem de hoje.

– Formador de comunidade.

– Denunciador das formas de opressão.

– Participante dos grupos de jovens, de reflexão, da Comunidade Eclesial de Base (Cebs).

2. Sinal da Cruz

É o sinal visível do cristão.

Cristo morreu na cruz para nos libertar. A cruz torna-se para o cristão símbolo de luta e vitória. Pela cruz tomamos consciência da realidade da morte e ressurreição de Jesus. Na cerimônia da Crisma, o bispo faz o sinal da cruz na testa do crismando, para simbolizar toda esta realidade.

3. A unção com o crisma (= óleo)

O bispo faz o sinal da cruz na fronte do crismando com óleo (= o crisma). É o ato mais importante de toda a cerimônia. É o sinal que significa a transmissão do Espírito Santo. O crisma é consagrado na Quinta-feira Santa, simboliza que somos ungidos do Senhor e comprometidos com Jesus Cristo, com a Igreja e com a transformação da realidade.

1. Iluminação bíblica

At 2,1-14: recebereis o Espírito Santo

1Cor 6,19-20: sois templos do Espírito Santo

2. Para estudar em grupo

1. No seu ambiente de vida familiar, seu bairro, cidade, como vivem os crismandos?

2. Qual será a nossa vivência e compromisso após a Crisma?

3. Aprenda para a vida

1. O que é a Crisma?

– É um sacramento que confirma o Batismo, compromete com Jesus Cristo e nos comunica o Espírito Santo.

2. Quais são os gestos do Sacramento da Crisma?

– Imposição das mãos, sinal da cruz, unção com o óleo.

4. Atividades

1. Responder:

Qual é o significado dos gestos da Crisma: imposição das mãos, sinal da cruz, unção com o óleo.

....

....

....

....

....

2. Quais são os compromissos do crismando?

....

....

....

....

....

....

3. Assinalar o certo:

( ) A Crisma nos torna cristãos decididos.

( ) O Sacramento da Crisma não possui gestos.

( ) O Sacramento da Crisma nos fortalece contra o mal.

( ) Compromete-nos com Jesus Cristo, a Igreja e a comunidade.

( ) A Crisma confirma o Batismo.

( ) Comunica o Espírito Santo.

5. Atividade para os pais

Como vocês vivem o Sacramento da Crisma?

Escrevam:

....

....

....

....

....

....

....

....

19ª Reunião

CRISMA: CONFIRMAÇÃO DO BATISMO
Envia teu Espírito, Senhor, e renova a face da terra

Estamos num contínuo crescimento. Sempre procuramos ser mais pessoa, desenvolver mais as capacidades, os dons. Por isso, não só crescemos na inteligência, sociabilidade, na capacidade de dominar a ciência e a técnica, mas em todos os aspectos da vida.

Somos batizados, fomos inseridos na Igreja, começamos a pertencer à comunidade cristã. Foi a fé de nossos pais que nos levou ao Batismo.

Mais tarde fizemos a primeira Eucaristia. Houve mais compreensão.

Mas hoje, pelo Sacramento da Crisma – Confirmação – precisamos nos sentir livres, conscientes para confirmar o Batismo que recebemos e assumirmos o compromisso de:

1. Servir à comunidade.

2. Engajar-nos na liturgia, catequese, grupo de jovens, grupo de reflexão.

3. Participar do bem-estar da comunidade, promovendo saúde, trabalho, lazer, ajuda aos necessitados, doentes, oprimidos, opressores.

4. Desenvolver os dons que recebemos.

5. Denunciar injustiças, falsidades e opressões.

O Sacramento da Crisma nos oferece sete dons:

1. INTELIGÊNCIA: Capacidade que nos permite descobrir o real valor de tudo.

2. CONSELHO: Capacidade de trilharmos um caminho que nos construa, nos edifique, segundo os frutos do Espírito Santo: caridade, alegria, paz, paciência, justiça, benignidade, bondade, fidelidade, mansidão, temperança (Gl 5,16-26).

3. FORTALEZA: Nas situações difíceis da vida, o cristão não deve desanimar, mas enfrentar, para que haja um progredir sempre maior.

4. CIÊNCIA: O mundo está em nossas mãos. Precisamos saber como transformá-lo. "Tudo é vosso, vós sois de Cristo e Cristo é de Deus".

5. SABEDORIA: O saber sempre mais viver a verdade. É o saber viver no caminho certo. "Santifico-me por eles para que também eles sejam santificados pela verdade" (Jo 17,19).

6. PIEDADE: Viver como cristão a cada instante. Espírito de reflexão e oração.

7. TEMOR DE DEUS: Descobrir sempre mais a grandeza de um Deus que está conosco, que é Pai, que é bondade, que caminha conosco, que se compromete conosco. "Eis que eu estou convosco todos os dias até o fim dos tempos".

O importante não é quantos dons recebemos, mas o esforço com que os desenvolvemos e os colocamos a serviço.

1. Iluminação bíblica

At 7,38-39: o Espírito Santo que ilumina

At 8,14-25: confirmação e frutos

1Cor 12,4-11: os dons do Espírito Santo

2. Para estudar em grupo

1. Por que tantos cristãos recebem a Crisma e não assumem o compromisso?

2. Você conhece pessoas ou comunidades que assumem o compromisso de crismado? Comente.

3. Aprenda para a vida

Quais são os sete dons do Espírito Santo?

– Inteligência, Conselho, Fortaleza, Ciência, Sabedoria, Piedade e Temor de Deus.

4. Atividades

1. Associe corretamente os dons do Espírito Santo:

1. Inteligência	( ) Força para enfrentar as situações
2. Conselho	( ) Capacidade de indicar caminhos
3. Fortaleza	( ) Saber viver a verdade
4. Ciência	( ) Deus conosco
5. Sabedoria	( ) Ser cristão
6. Temor de Deus	( ) Saber transformar
7. Piedade	( ) Discernir entre o certo e o errado

2. Por que recebemos o batismo na infância e o Sacramento da Crisma na juventude?

....

....

....

....

3. Qual a finalidade dos dons?

....

....

....

....

....

5. Atividade para os pais

Vocês são crismandos. A que grupo de Igreja vocês pertencem:

Assinale

( ) Grupo de Reflexão   ( ) Serra Clube

( ) Equipe de Liturgia   ( ) Congregação Mariana

( ) Catequese   ( ) Outros – Quais

( ) Cursilho   ( ) Comunidade eclesial de base (Cebs)

( ) MFC   ( ) Grupos de família

( ) Legião de Maria   ( ) Grupos de oração

( ) Vicentinos   ( ) Pastoral operária

( ) Movimento de Irmãos   ( ) Pastoral do agricultor (CPT)

( ) Equipe de N. Senhora   ( ) Associação de bairros

( ) Ação Social   ( ) Outros – Quais

( ) Equipe vocacional

....

....

20ª Reunião

O CRISMANDO E SUA MISSÃO
Cremos no Espírito Santo.
Assumimos nossa vida de cristãos

Admiramos uma pessoa que assume um compromisso e o desenvolve até as últimas consequências.

Vocês conhecem pessoas que assumem compromissos na comunidade?

O Sacramento da Crisma é o compromisso de sermos cristãos conscientes, ativos, participantes, testemunhas de Cristo, fermento de fé, sal da terra e luz do mundo, formador de comunidades, denunciador das injustiças.

QUEM É O CRISMADO

É um cristão que recebe o Espírito Santo para ser testemunha de Cristo no mundo. O cristão recebe o Espírito Santo e onde ele age começa uma vida nova. "Sereis minhas testemunhas", diz Cristo.

Quer viver o cristianismo em comunidade. Quer anunciar o Evangelho. Caminhar e servir às pessoas e à comunidade.

É alguém que procura viver a atitude de serviço, especialmente aos pobres, oprimidos e injustiçados.

É alguém que procura vivenciar a sua fé, se inserir com responsabilidade na sua comunidade local.

O Sacramento da Crisma torna o cristão consciente da necessidade de assumir a vida, anunciar o Evangelho, viver em comunidade.

Como? Através de:

– Um crescimento pessoal e comunitário.

– Desenvolver as qualidades colocando-as a serviço da comunidade.

– Uma atitude de promover sempre o outro, ajudando-o.

O crismando ajudará a fazer acontecer uma Igreja comunidade viva, comunidade de:

FÉ

A fé cristã é antes de tudo aceitar com convicção a pessoa de Jesus em nossa vida.

Aceitar não somente o Jesus do céu, mas o Jesus Deus e carpinteiro de Nazaré. Um Jesus vivo que tem o poder de nos libertar dos pecados que nasceram do coração do homem, mas também dos pecados que estão espalhados pelos homens nas leis, nas estruturas, na organização da sociedade.

Em primeiro lugar, a fé é uma luz

Porém, não uma luz que ilumina só a vida da pessoa, mas que ilumina tudo: o trabalho, a escola, a política, as leis, a fábrica, a roça... tanto faz estar na Igreja ou na fábrica, essa luz ilumina a mesma coisa; é o mesmo Deus que está em todo lugar e quer que sejamos cristãos em tudo o que fazemos.

Em segundo lugar, a fé é uma força

Não basta acreditar em Jesus e seu poder, e ficar parado, sem fazer nada. A fé é uma força que vem de Jesus e nos leva a trabalhar porque Deus é a Força; leva-nos a amar, porque Deus é o Amor, leva-nos a fazer todos os homens irmãos, porque Deus é o Pai.

A verdadeira fé se vive em comunidade, porque Deus também salva em comunidade.

AMOR

"Quando o Filho do homem voltar na sua glória e todos os anjos com ele, sentar-se-á no seu trono glorioso. Todas as nações se reunirão diante dele, e ele separará uns dos outros, como o pastor separa as ovelhas dos cabritos. Colocará as o-velhas à sua direita e os cabritos à sua esquerda. Então, o Rei dirá aos que estão à direita: 'Vinde, benditos de meu Pai, tomai posse do reino que vos está preparado desde a criação do mundo, porque tive fome e me destes de comer; tive sede e me destes de beber; era peregrino e me acolhestes; nu e me vestistes; enfermo e me visitastes; estava na prisão e viestes a mim'. Perguntar-lhe-ão os justos: 'Senhor, quando foi que te vimos com fome e te demos de comer? Com sede e te demos de beber? Quando foi que te vimos peregrino e te acolhemos; nu, e te vestimos? Quando foi que te vimos enfermo ou na prisão, e te fomos visitar?" Responderá o rei: 'Em verdade eu vos declaro: todas as vezes que fizestes isto a um destes meus irmãos mais pequeninos, foi a mim mesmo que o fizestes'.

Voltar-se-á em seguida para os da sua esquerda e lhes dirá: 'Retirai-vos de mim, malditos! Ide para o fogo eterno destinado ao demônio e aos seus anjos. Porque tive fome e não me destes de comer; tive sede e não me destes de beber, era peregrino e não me acolhestes; nu, e não me vestistes; enfermo e na prisão e não me visitastes'. Também estes lhe perguntarão: 'Senhor, quando foi que te vimos com fome, com sede, peregrino, ou nu, ou enfermo, ou na prisão e não te socorremos?' E ele responderá: 'Em verdade eu vos declaro: todas as vezes que deixastes de fazer isto a um destes pequeninos, foi a mim que o deixastes de fazer'.

E estes irão para o castigo eterno, e os justos para a vida eterna" (Mt 25,31-46).

CULTO

Uma comunidade que celebra em conjunto. A liturgia é encontro de irmãos que querem celebrar a vida, participar do culto, dos sacramentos, dos encontros da comunidade. Que não seja um simples cumprir de obrigações, mas algo que se descobre como valor. É a celebração da caminhada do Povo de Deus. O mundo está aí, a humanidade espera por Cristo; nos dirige apelos. Qual nossa resposta?

É Cristo que novamente nos acena:

– "Vós sois o sal da terra e a luz do mundo".

– "Ide e ensinai a todas as nações".

– "Eu sou o caminho, a verdade e a vida".

– "Amai-vos uns aos outros como eu vos amei".

1. Iluminação bíblica

Gl 5,9: ser fermento

Lc 4,18-19: enviou-me para anunciar

2. Estudo em grupo

O que os jovens estão fazendo em sua comunidade?

3. Aprenda para a vida

Quem é o crismado?

– É um cristão que recebe o Espírito Santo para viver em comunidade e ser testemunha de Cristo no mundo.

4. Atividades

1. Qual a missão do crismado na Igreja?

....

....

....

....

....

2. Preencher as lacunas:

O crismado encara o Evangelho de Cristo por um ....; um .... de suas qualidades, colocando-as a ....; uma .... de promoção.

A Crisma faz acontecer uma .... de fé; e de

....

O crismado é um .... que recebe a

.... para ser

.... diante do mundo.

5. Atividade para os pais

Seu filho está na catequese da Crisma. Que apoio, incentivo, vem recebendo da família?

....

....

....

....

....

....

21ª Reunião

CHAMADO A CONSTRUIR UM MUNDO NOVO
Todo jovem deve assumir um compromisso de vida.
Lutar para construir um mundo mais fraterno e justo

Estamos chegando ao final dos encontros de preparação para a crisma.
Poderíamos nos perguntar: por que participamos deste curso?
Só para cumprir um dever? Só para o dia da crisma? Será que este curso tem por objetivo algo mais amplo?

TRABALHO EM GRUPO
1. O que significa esta preparação para a crisma?
2. Que compromisso nos propomos assumir?
Não participamos do curso apenas para o dia da crisma. Isto seria muito pouco. Estes encontros aconteceram para que nós aprendêssemos mais o que é ser cristão, comprometido com a comunidade.
Temos diante de nós várias opções; a escolha sempre dependerá de cada um de nós:
– Uns seguem o caminho do bem, da verdade, da justiça, da fraternidade, da participação.
São os que:
– Lutam para viver os valores da família, da escola, do trabalho, da sociedade.
– Lutam pela justiça, pelo amor, pelo perdão, por um mundo mais fraterno, por uma redistribuição dos bens, pelos direitos dos posseiros, dos desempregados, dos índios, dos negros, das empregadas domésticas...
– Lutam pela formação da Comunidade Eclesial de Base através dos grupos de reflexão, da união da comunidade.
– Lutam pelo respeito à dignidade do ser humano, pelo respeito ao bem comum.
– Outros se acomodam, vivem indiferentes, não se preocupam com os problemas dos outros, com as misérias, sofrimentos, fome dos irmãos, as opressões e injustiças.

– Outros só pensam em si, defendendo seus próprios interesses, sobem na vida de maneira injusta e desonesta, fazendo do seu irmão uma escada para "subir". Vivem à busca de luxo, poder, fama, prazer.

"Vemos, à luz da fé, como um escândalo e uma contradição com o ser cristão, a brecha crescente entre ricos e pobres. O luxo de alguns poucos converte-se em insulto contra a miséria das grandes massas. Isto é contrário ao plano do Criador e à honra que lhe é devida. Nesta angústia e dor, a Igreja discerne uma situação de pecado social, cuja gravidade é tanto maior quanto se dá em países que se dizem católicos e que têm a capacidade de mudar: "que se derrubem as barreiras da exploração... contra as quais se estraçalham seus maiores esforços de promoção" (João Paulo II, *Alocução Oaxaca*, 5, *AAS*, LXXI, p. 209 – *Puebla* n. 28).

Se você quiser realmente viver o seu cristianismo, toda a sua vida deve se assemelhar a Cristo.

Quando aceitar que seu amor-próprio diminua para que cresça o amor a Deus e aos homens, então estará construindo um mundo humano e novo.

Isto significa: um mundo sem guerras, sem ódios, sem sofrimentos, fome, dor, injustiças.

E o mundo será melhor:

– Se você quiser jogar-se inteiramente na ação.

– Se você quiser dar-se totalmente.

– Se você quiser ser plenamente disponível.

– Se você quiser amar de todo o coração.

– Se você quiser orar com todas as suas forças.

Para irradiar harmonia, crie harmonia dentro de você.

O mundo tem necessidade de Cristo para salvar e você deve salvar o homem por Cristo.

É essa a sua vocação de cristão.

Quando você quiser se tornar um "Homem-Cristo", você salvará o mundo em Cristo.

1. Iluminação bíblica

Mt 28,16-20: ide pelo mundo afora

Gl 5,16-26: viver segundo a vida de Deus

Rm 6,1-12: vida nova em Cristo

2. Aprenda para a vida

1. Cite alguns caminhos errados que a pessoa humana deve evitar:

– O egoísmo, o ódio, as injustiças, as opressões, a exploração, a não aceitação da família, o não interesse pela comunidade e demais formas de vícios e opressões.

2. Quando crescemos como pessoa humana?

– Quando lutamos pela justiça, amor, perdão, descobrindo os valores da família, da fé e da caridade.

3. Atividades

1. Pesquise a vida de um homem que ajudou o mundo ser melhor.

....

....

....

....

....

....

2. O que nós podemos fazer para construir um mundo novo?

....

....

....

....

....

4. Atividade para os pais

Que sugestões vocês dariam para a pastoral da juventude em nossa paróquia.

....

....

....

....

....

VII Unidade

TEMAS DE CULTIVO

22ª Reunião

PARA QUE VOCÊ SEJA FELIZ...
Quando procuras fazer duas pessoas felizes, uma delas é você

Somos feitos à imagem e semelhança de Deus. Somos seres que evoluímos. Todos nós temos uma personalidade que deve ser cultivada. Personalidade é a soma de todos os nossos comportamentos quer inatos, quer adquiridos.

É preciso que cada um se esforce para que tenha uma personalidade autêntica. Ter uma personalidade autêntica significa ser sincero consigo mesmo e com os outros.

A pessoa autêntica tem a mesma cara, perto ou longe de nós.

Personalidade não é a mesma coisa que temperamento. A personalidade a gente adquire e o temperamento nasce com a gente.

400 anos antes de Cristo, o brilhante médico grego Hipócrates descobriu os 4 temperamentos básicos do homem.

SANGUÍNEO: é cordial, eufórico, vigoroso. Muito receptivo, age sempre pelos sentimentos. Tem sempre muitos amigos. Gosta do convívio social e detesta a solidão. É muito extrovertido.

COLÉRICO: vivaz, ativo, prático, autossuficiente e muito independente. Decidido e teimoso. Muito ativo. Os problemas têm o dom de encorajá-lo. Muito oportunista. Não gosta de profundidade e aprecia a praticidade. Tem muita tendência à dominação e à tirania.

MELANCÓLICO: é analítico, abnegado, bem-dotado. Tem muito gosto pelas artes, música. Introvertido por natureza. Não tem facilidade de fazer amigos. Muito perfeccionista, é dado às derrotas porque é desconfiado. Tem períodos de depressão. Muito sacrifício pela vida. Tem muita potencialidade interna.

FLEUMÁTICO: calmo, frio, equilibrado, controla facilmente as emoções. É tímido, não gosta de sorrir. Tem muitos amigos, inteligente, boa memória. Muito reservado, eficiente, gosta de ser mandado. É um pacificador inato.

Para que você seja mais feliz, siga o alfabeto da felicidade:

a) Forme a própria personalidade, seja gente de fibra, não um teleguiado.

b) Adquira o hábito da força de vontade. Se você quer, tudo pode.

c) Alimente bons pensamentos, tudo vai dar conforme o melhor.

d) Aceite a orientação dos mais velhos, dos pais.

e) Acredite convictamente no diálogo como meio de achar a solução.

f) Aceite as pessoas como elas são, sem querer que sejam como você deseja.

g) Tenha muitos amigos e amigas, pois eles são o seu maior tesouro.

h) Esteja sempre disposto para ajudar quando lhe pedem ajuda.

i) Seja alegre, espalhe alegria pelo mundo.

j) Seja comunicativo, animado.

k) Ame e goste de tudo e de todos.

l) Admire o mundo criado por Deus e dado aos homens.

m) Acredite em Deus e tenha fé.

n) Tenha um ideal de vida bem definido, saiba por que vive.

o) Defina-se sobre a sua profissão ou vocação.

p) Participe sempre de um grupo de jovens ou de adultos.

q) Aceite os problemas e as imperfeições de sua pessoa.

r) Aceite a idade em que você se encontra com suas características.

s) Sorria, sorria sempre.

t) Vença sempre a preguiça e o comodismo.

u) Cuide de sua saúde. Ela é o maior dom de Deus.

v) Acredite em você mesmo.

w) Descanse bem, viva humorado.

x) Goste muito de você.

1. Iluminação bíblica

Mt 25,14-30: a parábola dos talentos

Lc 27,27-49: conselhos de Jesus

2. Aprenda para a vida

1. O que é personalidade?

É o modo de ser da pessoa. Este modo de ser deve ser segundo à "imagem e semelhança de Deus", e segundo a dignidade do ser humano.

2. Como se pode desenvolver a personalidade?

– Através de: cultivo, boas amizades, grupos de jovens, grupos de reflexão, boas leituras, esforço pessoal, leitura da Bíblia, oração, senso crítico, engajamento social, fraternidade, compromisso com as lutas do povo.

3. Atividade

Indique o que ajuda a desenvolver a personalidade.

....

....

....

....

....

23ª Reunião

AMOR E SEXO
Viver a totalidade do ser humano

A pessoa é obra-prima de Deus. A Bíblia nos diz: "Façamos o homem à imagem e semelhança de Deus. Deus criou o homem e a mulher e abençoando disse: "Crescei e multiplicai-vos, enchei a terra, dominai sobre todas as coisas" (Gn 1,26-31).

A pessoa humana é um todo, amada e estimada por Deus. Ele nos quer gente com todas as capacidades, qualidades, sexo, afeto, vida, inteligência. Deus nos criou colocando, na própria natureza humana, a necessidade do outro. Nosso corpo com todos os seus sentidos e membros é obra de Deus. E tudo o que Deus fez é bom, nos diz a Bíblia.

Cristo tomou a forma humana, assumiu um corpo como nós e se fez homem.

No mundo de hoje existe um grande desrespeito para com a pessoa humana. Explora-se o sexo através de piadas, nudismo, propagandas, revistas e filmes eróticos e pornográficos.

A própria moda, a roupa que usamos é feita para explorar o corpo tornando-o sensual. Com isso a pessoa do homem e da mulher não é olhada como pessoa, mas como objeto de prazer, de sexo e de exploração comercial. Ainda mais, existe uma grande confusão entre sexo e amor. Quando se fala em amor, logo se pensa em sexo. Na realidade são coisas diferentes.

1. SEXO: faz parte do todo da vida da pessoa. Diferencia e define o homem da mulher. Não deve ser simples objeto de prazer, pois é o modo que Deus dispôs para a procriação e realização do ser humano. O sexo não é vergonhoso, mas uma máquina maravilhosa que Deus deixou em nós. Muitos homens seguem o instinto sexual, não controlando as suas paixões e ambições, caindo em vícios tais como: masturbação, prostituição, homossexualismo. Haverá muito mais alegria na vida quando se tem um equilíbrio sexual, afetivo e emocional.

2. PAIXÃO: É uma emoção forte e profunda, momentânea e passageira. Paixão não é amor, mas atração física. Paixão é um desequilíbrio afetivo. Casar por paixão é casamento ameaçado a falir.

3. CIÚME: É um desequilíbrio emocional, doença, medo de perder. Ciúme não é amor. Ciúme gera desconfiança, insegurança.

4. AMOR: Uma grandeza de vida é medida pelo amor. Uma grande vida é um grande amor; a realização e a felicidade de vida é medida pelo amor. Amar é ir ao encontro do outro para fazê-lo feliz. É querer bem ao outro e tudo fazer para vê-lo feliz. Amor é doação, entrega e renúncia. Amar de verdade é comungar intimamente com a pessoa do outro. É procurar a realização do outro, alegrando-o, desenvolvendo-o e ajudando-o. O amor é simples, franco, espontâneo e perene. Amar é querer a felicidade do outro, é esquecer-se e dedicar-se inteiramente ao outro. O amor é muito mais do que simpatia, do que gostar, do que se apaixonar.

Quem ama, ajuda o outro, aceita o outro. O amor exige renúncia, porque é preciso esquecer-se para ir em busca do outro. O amor não é aquele apregoado pelas canções, pelas novelas, pelos filmes. O amor é vida, crescimento, busca.

1. Iluminação bíblica

1Cor 13,1-13: a excelência do amor

Rm 1,18-32: a cólera de Deus contra os pecadores

2. Aprenda para a vida

1. Por que Deus ama a pessoa humana?

– Porque é feita à imagem e semelhança de Deus.

2. Quais os vícios sexuais?

– Masturbação, prostituição, homossexualismo.

3. O que é amar?

– Amar é tornar o outro feliz. É vê-lo feliz e sentir-se feliz com ele.

3. Atividades

1. Relacione a coluna da esquerda com a da direita:

1. Pessoa	( ) Emoção passageira
2. Sexo	( ) É um grande amor
3. Amor	( ) Pessoa
4. Desequilíbrio sexual	( ) Obra-prima de Deus
5. Uma grande vida	( ) Diferencia homem e mulher
6. É amada por Deus	( ) É doação-renúncia
7. Paixão	( ) É uma doença
8. Ciúme	( ) Homossexualismo

2. Indique caminhos de cultivo do amor e da sexualidade:

....

....

....

....

....

3. Recorte jornais e revistas que indicam a comercialização do sexo.

4. Atividade para os pais

Qual é a opinião dos pais quanto a: novelas, revistas e filmes pornográficos. Em que isto está influenciando na educação dos jovens?

....

....

....

....

....

....

....

24ª Reunião

NAMORO: A BUSCA DA COMPLEMENTAÇÃO
Crer no amor é ser gente

O homem e a mulher foram feitos para a complementação.

Deus nos fez assim, na sua bondade e no seu grande amor. A necessidade do outro aparece mais clara é na adolescência.

Mas, o que é o namoro?

Pe. Zezinho nos diz que "namoro é o vestibular para a verdade".

E nós vamos tentar definir um pouco mais.

NAMORO

– Tempo de preparar-se para o casamento.

– Tempo de sentir-se, de conhecer-se, de querer-se bem.

– Tempo de testar os sentimentos e decidir-se para o futuro.

– Tempo de adaptação um ao outro.

– Tempo de renúncia de si para ver e sentir o outro.

– Tempo de entendimento mútuo.

Namoro não é pura atração sexual, faz parte, como o sexo faz parte do corpo. Mas não é a única coisa. Também não é passatempo, flerte, troca de beijos e carícias. Não dá para trocar de par como se troca de roupa. Namoro é uma corrente de simpatia entre duas pessoas de sexos diferentes. Duas pessoas se encontram, se olham, ainda não se conhecem e já se sentem felizes por estarem juntas. Esta simpatia se aprofundará e amadurecerá no namoro.

Namoro é conhecimento; depois do primeiro encontro virão muitos outros. Os dois não veem a hora de se encontrarem e de estarem juntos. Estes encontros frequentes nem sempre serão fáceis: haverá encontros e desencontros.

Namoro é conhecimento mútuo, conhecimento das qualidades e defeitos. Eles descobrem os ideais comuns, colocam as bases de uma compreensão e de uma harmonia de sentimentos. O namoro ajuda os dois a se observarem e se conhecerem melhor. Deverá desfazer as ilusões do "amor à primeira vista" e construir um amor sincero, sólido e dedicado.

ATITUDES QUE FAVORECE O CRESCIMENTO DO AMOR MÚTUO
– Fidelidade: manter-se fiel ao compromisso mútuo.
– Solidariedade: dar apoio um ao outro em todos os momentos da vida.
– Afeição: as demonstrações de afeto e atitude de conquista aumentam o amor.
– Segurança: dar segurança um ao outro.
– Compreensão: aprender a se conhecer e compreender sempre.
– Cortesia: evitar atitudes grosseiras que afastam e não encantam.
– Capricho pessoal: andar arrumado, ajeitado.
– Atração física: atrair pela feminilidade ou pela masculinidade.
– Elogio: não há crescimento sem um pequeno elogio ao amado.
– Diálogo: conversar quebrando todas as barreiras da incomunicação.

1. Iluminação bíblica
Ct 6,3-10
Ct 7,7-14

2. Trabalho em grupo
1. Existe amor à primeira vista? Você concorda ou discorda? Por quê?
2. Enumere qualidades de um verdadeiro namoro.
3. Por que fracassam os casamentos?

3. Aprenda para a vida
1. O que é namoro?
– Namoro é conhecimento mútuo: é tempo de preparar-se para o casamento; é construir um amor sincero.
2. Troca de beijos, carícias e flerte é namoro?
– Não. Pois o namoro não é passatempo nem paquera.

4. Atividades

1. Complete as palavras:

```
_ _ _ _ _ N _ _
    _ _ A _ _ _ _
    _ M _ _ _ _ _ _
    _ _ O _ _ _
    _ _ R _ _ _ _ _ _ _ _ _
    _ O _ _ _ _ _ _ _ _ _

    _ _ _ E _ _ _ _ _ _

        A _ _ _ _ _ _
    _ _ M _ _ _
    _ O _ _ _ _ _
    _ _ _ R
```

As palavras são: Fidelidade, afeição, segurança, namoro, solidariedade, elogio, diálogo, atração física, capricho pessoal, compreensão, cortesia.

2. O que você organizaria na sua comunidade para uma melhor vivência do amor?

....

....

....

....

....

3. Você tem boas ideias. Imaginação forte. Indique algumas pessoas na Bíblia que tentaram viver bem esta mensagem (ler Lc 1,5-24; Gn 12,1-9; Lc 1,26-37) e outras.

....

....

....

....

....

5. Atividade para os pais

Os pais têm direito de influir no namoro dos filhos? Por quê?

....

....

....

....

....

....

25ª Reunião

A CAMINHADA DO POVO DE DEUS

Os seres vivos têm como uma de suas características físicas a capacidade de crescer. Este crescimento se dá nos vários campos da vida: físico, social, emocional, na inteligência, no conhecimento da fé.

Crescer em todos os níveis é fonte fundamental para todo ser humano.

O nascimento é o ponto de partida da caminhada do ser humano.

É na família que a pessoa recebe e aprende as primeiras experiências de vida, de fraternidade, de fé. A família é a primeira educadora de fé, de vida. A família é o primeiro centro de evangelização, onde o homem vive sua vocação fraterna, de justiça e respeito à dignidade da pessoa humana.

A missão da Igreja está voltada para as famílias, pois "da família saem todos os problemas da sociedade e das famílias saem todas as soluções" (João Paulo II).

A Igreja coloca com as famílias a educação da fé através dos grupos de reflexão, da catequese, da pastoral familiar, dos grupos de jovens, das celebrações, da promoção social, da liturgia, dos movimentos e associações, cursos de noivos, pastoral do batismo.

1. A CATEQUESE

A educação da fé, da personalidade, da vida, do respeito à pessoa humana iniciada na família é aprofundada na catequese.

1.1. Catequese de iniciação: A criança aprofunda, conhece, vivencia as primeiras experiências do cristianismo e de iniciação à comunidade cristã.

1.2. Catequese eucarística: É a continuidade da catequese de iniciação. Leva o catequizando a aprofundar, vivenciar, comprometer e celebrar a vida cristã, em especial os sacramentos da Penitência e da Eucaristia.

1.3. Catequese de perseverança: É a catequese de adolescentes. Compreende a fase entre a catequese eucarística e a Crisma.

1.4. Catequese da Crisma: É a continuidade da educação da fé. Já não para crianças, mas para jovens. Na catequese da Crisma o jovem abre sua vida para uma dimensão mais profunda da fé:

– O compromisso em Jesus Cristo.

– O compromisso com o irmão, especialmente o pobre, o oprimido, o massacrado.

– Compromisso com a justiça, a fraternidade.

– Compromisso com o universo, a preservação da natureza, a luta contra a poluição...

– Compromisso com a Igreja, se engajando na missão da Igreja, na vida da comunidade cristã, pela participação, pela doação de sua vida em benefício dos irmãos, especialmente os mais necessitados.

– Compromisso consigo: seguir o caminho de Cristo, evitar os tóxicos, os vícios, a preguiça, as injustiças, o egoísmo...

2. PASTORAL DA JUVENTUDE

"Só pode receber o Sacramento da Crisma aquele que vive a fé, participa do culto, vive a fraternidade e se engaja num serviço em benefício da comunidade" (Dom Osório).

O Sacramento da Crisma não é o fim da catequese. Mas é uma abertura para uma opção de continuidade.

2.1. Grupos de jovens: Jovens de uma comunidade que se reúnem para aprofundar a fé, realizar serviços comunitários, desenvolver as qualidades e capacidades, criar uma consciência crítica. "Quem entende o sacramento da Crisma procura uma continuidade".

2.2. Grupos de reflexão: Em todas as paróquias da diocese estão espalhados para viver mais profundamente o compromisso cristão. São grupos de família, isto é, estão presentes os casais, as crianças, os jovens, os velhos. Nos grupos de reflexão se desenvolve a catequese para todos os níveis.

2.3. Pastoral familiar: Curso para namorados e noivos. A pastoral familiar é uma das prioridades das dioceses. "É da família que saem todos os problemas da sociedade e é da família que provêm todas as soluções da sociedade" (João Paulo II).

Como namorados ou como noivos, os jovens são convidados a participarem da preparação para o Sacramento do Matrimônio. Esta preparação é feita através de um curso dado por casais. Conforme normas estabelecidas pelas dioceses, todos os jovens que vão contrair o Sacramento do Matrimônio deverão fazer, de preferência antes de noivarem, a preparação para o Matrimônio.

2.4. Pastoral do Batismo: Curso de batismo para pais e padrinhos: O batismo é o sacramento através do qual começamos a pertencer à Igreja. A partir do Concílio Vaticano II a Igreja tem optado por uma conscientização maior dos pais e padrinhos. Por isso faz a preparação ao *batismo* através de um curso ou encontros de preparação. É um grande meio de evangelização da família.

1. Iluminação bíblica
At 2,42-47
Lc 10,1-20

2. Aprenda para a vida
1. Qual é a caminhada do cristão?
– Aprofundar e celebrar a fé.
– Estar a serviço da comunidade.
– Implantar o reino de justiça, de fraternidade e de verdade.
– Denunciar as formas de opressões e explorações.
2. O que é catequese?
– Catequese é a educação permanente e comunitária da fé.

3. Atividades
Pesquise:
1. O que é grupo de reflexão?

....

....

....

....

....

2. Quantos grupos de reflexão há em sua comunidade?

....

....

....

....

....

3. Como funciona um grupo de reflexão?

....

....

....

....

....

4. Como funciona um grupo de jovens?

....

....

....

....

....

26ª Reunião

RELIGIÃO E RELIGIÕES
Religião, caminho para Deus e os irmãos

Um dia, numa viagem de ônibus, seu João perguntou: "Qual é a sua religião?" Prontamente o companheiro respondeu: "Católico, apostólico, romano". "Muito bem", diz seu João. "Eu não sou de nada. Mas gostaria que você, que é católico, me respondesse as seguintes dúvidas, que possuo há muito tempo. O que é religião? Por que existem tantas religiões? Todas as religiões são boas?"

E o nosso católico e apostólico romano foi tentando responder, tentando enrolar, sem nada dizer.

Qual terá sido a impressão do seu João?

Será que ele se convenceu de alguma coisa, ou continuou na mesma?

MENSAGEM

Diante do que acabamos de ver, somos chamados a dar uma resposta ao seu João, que nos questionou: "o que é religião?"

Em sua origem (etimológica) a palavra significa "religar", ligar de novo, reatar contato com Deus.

Seguir uma religião é realizar isto, Mas não é só.

Religião é um caminho que nos leva a viver bem com Deus Pai, Deus Filho e Deus Espírito Santo, com os irmãos e nós mesmos.

A religião nos coloca em estado de paz e unidade com Deus, os irmãos e nós mesmos.

O próprio Jesus Cristo se definiu, dizendo: "Eu sou o caminho, a verdade e a vida" (Jo 14,6). Diante disto, religião é um caminho para nós vivermos bem.

Mas o seu João fez-nos outra pergunta interessante: "Por que existem tantas religiões?"

No mundo há tantas religiões que chegam até a confundir o povo.

Todas elas afirmam que conduzem o homem à verdade. Precisamos respeitá-las todas, mas devemos seguir a Igreja verdadeira, que é fundada por Jesus Cristo. Existem tantas religiões porque o homem é fraco de fé e de convicção. Dentro do próprio cristianismo, que é uma religião, há várias Igrejas, como: Católica, Batista, Presbiteriana, Metodista, Luterana. É uma pena que não haja unidade entre todas elas.

Confiamos e cremos na palavra de Jesus Cristo que diz: "Tenho outras ovelhas que não são deste rebanho; importa que eu as traga. Elas ouvirão a minha voz e haverá um só rebanho e um só pastor" (Jo 10,16).

A terceira pergunta do seu João foi: "Todas as religiões são boas?"

Dizer que todas as religiões são boas é uma coisa. Agora, dizer que são verdadeiras é outra coisa. Por isso não se pode misturar religiões. Temos que escolher uma e sermos fiéis a ela. E a verdadeira religião é a Católica, porque não foi fundada por homens, mas por Jesus Cristo, que é o Filho de Deus, que um dia disse: "Tu és Pedro e sobre esta pedra edificarei a minha Igreja" (Mt 16,18).

Jesus fundou uma só Igreja e esta é verdadeira; pois onde está Pedro, hoje o Papa, aí está a Igreja de Jesus Cristo.

E esta Igreja, no dizer do Pe. Zezinho, é verdadeira porque possui "a palavra de Deus, os sacramentos e uma tradição de quase 20 séculos".

Também não podemos dizer que todas as religiões são boas, pois algumas ensinam coisas contraditórias à religião fundada por Jesus Cristo.

Também é bom sabermos distinguir entre religião e seita.

Vimos o que é religião e agora veremos o que é seita.

Segundo o dicionário: "Seita é um pequeno grupo faccionário, reunindo discípulos de um mestre herético".

Traduzindo, podemos dizer que seita é um pequeno grupo de pessoas que seguem alguém que se diz "Mestre" ou fundador da mesma.

Geralmente, quem pertence a alguma seita são fanáticos e acham que só eles estão certos e os outros estão no erro. Seita não tem nada a ver com religião.

– *REZAR "DESIDERATA"* (após, o catequista poderá conduzir uma pequena reflexão".

"Siga tranquilamente entre a inquietude e a pressa, lembrando-se de que há sempre paz no silêncio.

Tanto quanto possível, sem humilhar-se, viva em harmonia com todos os que o cercam.

Fale a sua verdade mansa e claramente e ouça a dos outros, mesmo dos insensatos e ignorantes, eles têm sua própria história.

Evite as pessoas agressivas e transtornadas, elas afligem o nosso espírito.

Se você se comparar com os outros, você se tornará presunçoso e magoado, pois haverá sempre alguém inferior e alguém superior a você.

Você é filho do universo, irmão das estrelas e árvores, você merece estar aqui, e, mesmo se você não pode perceber, a terra e o universo vão cumprindo o seu destino.

Viva intensamente o que já pode realizar. Mantenha-se interessado em seu trabalho ainda que humilde; ele é o que de real existe ao longo de todo o tempo.

Seja cauteloso nos negócios, porque o mundo está cheio de astúcias. Mas não caia na descrença: a virtude existirá sempre. Muita gente luta por altos ideais e em toda parte a vida está cheia de heroísmo.

Seja você mesmo. Principalmente não simule afeição nem seja descrente do amor porque mesmo diante de tanta aridez e desencanto ele é tão perene quanto a relva.

Aceite com carinho o conselho dos mais velhos, mas também seja compreensivo aos impulsos inovadores da juventude.

Alimente a força do espírito que o protegerá no infortúnio inesperado; mas não se desespere com perigos imaginários: muitos temores nascem do cansaço e da solidão.

E, a despeito de uma disciplina rigorosa, seja gentil para consigo mesmo.

Portanto, esteja em paz com Deus, como quer que você o conceba.

E quaisquer que sejam seus trabalhos e aspirações da fatigante jornada pela vida, mantenha-se em paz com sua própria alma.

Acima da falsidade, dos desencantos e agruras, o mundo ainda é bonito.

Seja prudente.

FAÇA TUDO PARA SER FELIZ."

1. Iluminação bíblica

At 24,5-17

Tg 1,26-27

2. Trabalho em grupo

Pesquise na sua comunidade:

1. Quantas religiões? Quais.

2. Quantas seitas? Quais.

3. Aprenda para a vida

1. O que é religião?

– É um caminho que nos leva a viver bem com Deus Pai, Deus Filho, com Deus Espírito Santo, com os irmãos e nós mesmos.

2. Todas as religiões são boas?

– Não, pois umas são contrárias às outras no seu ensinamento e doutrina.

3. Por que a Igreja Católica é a verdadeira Igreja?

– Porque foi fundada por Jesus Cristo, possui a Palavra de Deus, os sacramentos e uma tradição de quase dois mil anos.

4. Atividades

a) Assinale com X a frase correta:

( ) Seita e religião são a mesma coisa.

( ) A verdadeira Igreja foi fundada por Jesus Cristo.

( ) O representante da Igreja de Jesus Cristo, no mundo, é Bento XVI.

( ) Todas as religiões são boas porque ensinam as mesmas verdades.

( ) Religião é um caminho que nos leva ao encontro com o Pai, com os irmãos e nós mesmos.

b) Complete as seguintes frases:

1. Existem tantas .... porque não existe .... entre elas.

2. Um dia haverá um só .... e um só ....

3. Católico é aquele que .... e segue a Palavra de .... e os ensinamentos da ....e tenta transformar a sua ....

4. Religião é um .... que nos leva ao Pai, aos .... e a ....

5. O fundador da verdadeira .... foi .... e o seu representante na terra é o ....

5. Atividade para os pais

Qual é o valor da religião dentro da família?

....
....
....
....
....

27ª Reunião

ESPIRITISMO E CULTO AFRO-BRASILEIRO

(Motivar os alunos para dialogar sobre o assunto)

Como surgiu o espiritismo?

Surgiu em uma cidade dos Estados Unidos. Duas meninas, Catarina e Margarida, filhas da viúva Fox, começaram a ouvir estalidos e batidas de origem desconhecida. Suspeitavam então que fosse "alma penada".

Em 31 de março de 1948, fundou-se o espiritismo, afirmando-se que o espírito dos mortos comunicava-se com os vivos.

Depois de percorrerem quase todo o mundo, fazendo apresentações de como se comunicavam com os mortos, as irmãs Fox fizeram uma confissão pública: "os estalidos e batidas que ouvíamos não eram espíritos de mortos que se comunicavam conosco, mas sim, nós que fazíamos com os dedos e os pés para ganharmos dinheiro com as apresentações".

Depois desta confissão pública, surgiu Allan Kardec, na França, que reuniu todos estes acontecimentos e assim formou-se, praticamente, o espiritismo. Allan Kardec escreveu vários livros e tornou-se o grande profeta do espiritismo.

Estamos sentindo que o espiritismo surgiu de uma fraude, promovida pelas irmãs Fox.

A principal crença do espiritismo é a reencarnação. O que é isto?

É a crença de que após a morte não iremos para um lugar definitivo, felicidade eterna ou condenação, como ensina o cristianismo, mas começaremos uma nova vida no mundo, dezenas de vezes, até sermos purificados de todos os males.

No entanto o cristianismo nos diz que, depois da morte, nós ressuscitaremos para uma vida nova: a felicidade eterna ou a condenação.

Podemos dizer que a ressurreição ocorre uma vez só e no mesmo corpo e para a vida eterna. Cristo ressuscitou e como Cristo nós também vamos ressuscitar (Rm 6,1-11).

A reencarnação se realiza muitas vezes, sempre em outros corpos e para este mundo. Nem a Bíblia, nem a Igreja e o cristianismo aceitam a reencarnação (Dt 18,9-14; Gl 5,16-21).

No Brasil existem diversos cultos, diversos cultos afro-brasileiros. Podemos citar alguns: Umbanda, Candomblé, Saravá...

Os cultos afro-brasileiros são formas ou manifestações religiosas, que os escravos negros trouxeram para o Brasil.

Estes cultos possuem um rito próprio de celebração, se assim podemos dizer, nomes próprios para suas imagens, respeitam o "preto velho" que é o "pai de santo", acreditam nos "passes" dados pelos "médiuns" etc.

O que é despacho?

São diversos tipos de comidas, que servem para aplacar a ira de Exu, que quer dizer "demônio", e não se destina a fazer mal às pessoas, como muitas vezes se imagina.

O que são os "médiuns"?

Segundo a crença do espiritismo e dos cultos afro-brasileiros, são instrumentos através dos quais manifestam os espíritos dos mortos. Eles são os que dão os "passes".

Interiorização: Professar nossa fé na ressurreição rezando o "Credo".

1. Aprenda para a vida

1. O que é reencarnação?

– É um processo de purificação pelo qual todo espírito tem de passar, por diversas vezes, sempre em outros corpos, neste mundo, para chegar à perfeição.

2. O que é ressurreição?

– É o início de uma nova vida depois da morte. É vida eterna que pode ser feliz ou infeliz. Acontece uma só vez.

3. O que são cultos afro-brasileiros?

– São formas ou manifestações religiosas que os negros trouxeram da África para o Brasil.

4. O que é despacho?

– São diversos tipos de comidas oferecidas aos Exus (demônios) para não perturbarem as sessões.

5. O que são médiuns?

– São instrumentos através dos quais se manifestam os espíritos dos mortos.

2. Atividades

1. Complete as seguintes frases:

a) O espiritismo surgiu nos ....

b) As irmãs Fox chamavam-se .... e
....

c) O cristianismo prega a .... e o espiritismo
prega a ....

d) O culto afro-brasileiro foi trazido pelos ....

2. Assinale com X as frases corretas:

(   ) O despacho é muito perigoso.

(   ) Reencarnação e ressurreição não são a mesma coisa.

(   ) O espiritismo foi fundado na França.

(   ) Os cultos afro-brasileiros admitem o mau-olhado.

(   ) O cristão crê na ressurreição e não na reencarnação.

(   ) Os cultos afro-brasileiros não possuem ritos próprios.

(   ) A Igreja Católica não aceita nem o espiritismo, nem os cultos afro-brasileiros.

VIII Unidade

ORAÇÕES

1. AQUI ESTAMOS

Senhor, nós aqui estamos.
Conscientes de nossas limitações, de nossos pecados.
Mas sentimos em nós a saudade e a esperança do paraíso,
onde reina a paz, a justiça, o amor e a felicidade,
onde haverá harmonia conosco, com os outros
e com o mundo e a harmonia eterna entre nós dois, Senhor.
Sentimos em nós vossos apelos.
Acreditamos na força de nosso espírito.
Sentimos a exigência de nossa vocação.
Quereis fazer de nós líderes de libertação, guias a caminhada de muitos.
Abraão, Moisés, profetas, apóstolos, homens de fé,
fundamento de um povo livre, denunciadores das misérias
e das injustiças, mensageiros construtores do Reino.

Alimentai-nos em nossa marcha.
Encorajai-nos em nossa luta,
Senhor nosso Deus e libertador dos homens.

2. SALMO 127: A FELICIDADE QUE O SENHOR OFERECE

Felizes os amigos do Senhor.
Tu poderás ser um deles, se andares nos seus caminhos.
Tuas mãos terão que trabalhar, mas esse trabalho
te dará o sustento, e ainda felicidade e bem-estar.
Tua esposa será a companheira que contigo criará o teu lar.
Teus filhos, frutos do teu amor, farão a alegria de tua casa.
É assim que serão abençoados os amigos do Senhor.
Assim também ele te abençoe e te faça participar
na prosperidade do seu povo, ao longo de toda a tua vida.
E na tua velhice, possas ver os filhos dos teus filhos.
É assim que o Senhor dará a todos nós a sua paz.

3. PRECE AO SENHOR

Senhor, dai-nos fé, dai-nos amor,
Dai um caminho para todos,
Pois muitos não sabem mais amar.

Senhor, dai pão a quem tem fome
E fome de justiça a quem tem pão.

Dai-nos seguir a mesma estrada,
Que termina onde todos são irmãos.

Senhor, dai paz que não é trégua
E voz que não reboa para ferir.
Prudência para falar primeiro,
De nunca usar da força, mas da justiça.

4. ORAÇÃO DOS JOVENS

Senhor, eu te agradeço a minha vontade de mudar as coisas;
Minha insatisfação diante do que é medíocre;
a minha ira diante da injustiça; o nó que sinto na garganta diante
de uma história de amor; o carinho que sinto pelas crianças
que me aceitam como sou; o amor, que, apesar de alguns
desentendimentos, eu tenho pelos meus pais; a coragem
de ter sido suficientemente eu para não acompanhar a onda
nem experimentar o tóxico, nem brincar com a minha
dignidade de jovem cristão.

Eu te peço uma coisa,
Senhor: grandeza interior para compreender meu povo, minha geração e a tua
presença no meu caminho.
Eu te ofereço a minha juventude. Sei que é pouco, mas é meu modo de dizer
que gosto da vida.

5. ORAÇÃO DA MANHÃ

Senhor, no início deste dia que amanhece,
venho pedir-te a paz, a sabedoria, a força.
Quero olhar o mundo com os olhos cheios de amor.
Ser paciente, compreensivo, manso e prudente.
Ver seu filhos além das aparências, como tu mesmo
os vês e assim não ver senão o bem, em cada um.
Cerra meus ouvidos de toda calúnia.
Guarda minha língua de toda maldade.
Que só de bênçãos se encha meu espírito.
Que seja tão bondoso e alegre que todos
quantos se aproximarem de mim sintam a tua presença.
Reveste-me de tua beleza, *Senhor*, e que no decurso
deste dia eu te revele a todos.

6. É MARAVILHOSO, SENHOR

É maravilhoso, Senhor, ter olhos luminosos quando tantos
não veem a luz, ter ouvidos perfeitos, quando tantos não ouvem,
ter uma língua que fala e conta quando tantos não podem falar,
mas mais maravilhoso ainda é ter um *Deus* para crer,
quando há tantos que vivem na descrença.
Senhor, por tudo que me deste, principalmente pelo dom da fé.
Hoje e todos os dias de minha vida quero assumir
o compromisso de minha fé, quero renovar minha
opção por TI, quero recomeçar uma vida nova contigo,
quero voltar as costas ao egoísmo, quero mostrar
meu amor para contigo pelo amor para com meu próximo.
Ajuda-me, Senhor, a viver realmente a minha fé,
a ser um outro Cristo: *Caminho*, pelo meu testemunho.
Verdade, pela minha palavra.
Vida, pela minha doação.

7. SENHOR

Senhor, olho ao meu redor.
Vejo tantos males e tantos sofrimentos.
Quero ser contigo um construtor de um mundo
mais humano e mais feliz.
Quero lutar contigo como tu fizeste:
contra a fome e a doença, contra a miséria e a ignorância,
contra a opressão e a injustiça.
Elogiado ou humilhado, compreendido ou caluniado,
ouvido ou perseguido, contigo sempre lutarei.

8. DESIDERATA

Siga tranquilamente entre a inquietude e a pressa,
lembrando-se de que há sempre paz no silêncio.
Tanto quanto possível, sem humilhar-se,
viva em harmonia com todos os que o cercam.
Fale a sua verdade mansa e claramente e ouça a dos outros, mesmo
dos insensatos e ignorantes, eles também têm a sua própria história.
Evite as pessoas agressivas e transtornadas, elas afligem o nosso espírito.
Se você se comparar com os outros, você se tornará presunçoso
e magoado, pois haverá sempre alguém inferior e alguém superior a você.

Você é filho do universo, irmão das estrelas
e árvores, você merece estar aqui, e mesmo se você não pode perceber,
a terra e o universo vão cumprindo o seu destino.

Viva intensamente o que já pode realizar.
Mantenha-se interessado em seu trabalho ainda que humilde;
ele é o que de real existe ao longo de todo o tempo.
Seja cauteloso nos negócios, porque o mundo está cheio de astúcia.
Mas não caia na descrença: a virtude existirá sempre.
Muita gente luta por altos ideais
e em toda parte a vida está cheia de heroísmo.
Seja você mesmo.
Principalmente não simule afeição nem seja descrente do amor
porque mesmo diante de tanta aridez e desencanto
ele é tão perene quanto a relva.
Aceite com carinho os conselhos dos mais velhos,
mas também seja compreensivo aos impulsos inovadores da juventude.
Alimente a força do espírito que o protegerá no infortúnio
inesperado; mas não se desespere com perigos imaginários:
muitos temores nascem do cansaço e da solidão.
E a despeito de uma disciplina rigorosa seja gentil para consigo mesmo.
Portanto, esteja em paz com Deus, como quer que você o conceba.
E quaisquer que sejam seus trabalhos, as aspirações da fatigante
jornada pela vida, mantenha-se em paz com sua própria alma.
Acima da falsidade, dos desencantos e agruras, o mundo ainda é bonito.
Seja prudente.
Faça tudo para ser feliz.

9. Ó SENHORA MINHA

Ó Senhora minha, ó minha mãe! Eu me ofereço todo a vós e, em prova de minha devoção para convosco, eu vos consagro, neste dia, meus olhos, meus ouvidos, minha boca, meu coração e inteiramente todo o meu ser.
E como assim sou vosso, ó boa mãe, guardai-me e defendei-me
como coisa e propriedade vossa.

10. OS MANDAMENTOS DE DEUS

1. Amar a Deus sobre todas as coisas.
2. Não tomar seu santo nome em vão.
3. Guardar domingos e festas de guarda.
4. Honrar pai e mãe.

5. Não matar.
6. Não pecar contra a castidade.
7. Não furtar.
8. Não levantar falso testemunho.
9. Não desejar a mulher do próximo.
10. Não cobiçar as coisas alheias.

11. OS MANDAMENTOS DA IGREJA

1. Participar da missa, ou do culto dominical aos domingos e dias santos (participar da missa ou do culto todos os domingos e nos seguintes dias santos: dia 1º de janeiro, Festa do Corpo de Deus, 8 de dezembro (Imaculada Conceição) e Natal).
2. Confessar-se ao menos uma vez por ano.
3. Comungar ao menos uma vez por ano, por ocasião do tempo da Páscoa (de Quarta-feira de Cinzas até a Festa do Corpo de Deus).
4. Jejuar e abster-se de carne nos dias prescritos pela Igreja (Quarta-feira de cinzas e Sexta-feira Santa).
5. Ajudar a comunidade na manutenção da Igreja, nos trabalhos pastorais e promoção social.

12. SE... (Tradução livre e adaptada do poema de Rudyard Kipling)
Se és capaz de conservar a calma e o bom senso
num mundo que delira, e para o qual o louco és tu;
se podes crer em ti, com a força das grandes convicções;
quando ninguém mais te crê;
se segues, abandonado, num rumo solitário sem te revoltares;
se à intolerância cega e à incompreensão desleal
consegues responder com gestos de amor
e perdão, enquanto enfrentas as consequências;
se podes falar bem de quem te calunia;
se ao ódio respondes com afeto,
sem a vaidade de quem se julga santo,
nem a pretensão de seres um sábio;
se és capaz de esperar sem perder a esperança;
de sonhar, mas conservar-te acima dos sonhos;
se encaras com a mesma indiferença
o triunfo e a derrota – dois grandes impostores;
se podes resistir à raiva e à vergonha de ver torcidas tuas palavras,
que teu inimigo envenena e usa contra ti,
atribuindo-lhes intenções que não tiveste;

se és capaz de arriscar tudo o que tens num lance
corajoso e necessário e, perdendo, calando toda a mágoa e desgosto,
voltares a percorrer todo o caminho andado;
se podes ver toda a tua obra desmerecida pelos que te invejam;
e, sem dizer palavra, sem te exaltares, voltares
ao princípio para recomeçar tudo;
se és capaz de superar, pela vontade,
o cansaço do teu corpo e da tua mente;
se entre o povo conservas tua nobreza,
e entre reis e nobres conservas tua simplicidade;
se respeitas, como pessoas iguais a ti,
o amigo e o inimigo, o rico e o pobre;
se quem conta contigo não se decepciona;
se aproveitas todos os minutos para uma obra fecunda,
então, o mundo inteiro é teu, é mais do que isso,
alegra-te, meu filho: és um homem.

13. ORAÇÃO DE SÃO FRANCISCO DE ASSIS
Senhor, fazei-me um instrumento de vossa paz.
Onde houver ódio, que eu leve o amor.
Onde houver ofensa, que eu leve o perdão.
Onde houver discórdia, que eu leve a união.
Onde houver dúvida, que eu leve a fé.
Onde houver erro, que eu leve a verdade.
Onde houver desespero, que eu leve a esperança.
Onde houver tristeza, que eu leve a alegria.
Onde houver trevas, que eu leve a luz.

/: Ó mestre, fazei que eu procure mais,
Consolar que ser consolado,
Compreender que ser compreendido,
Amar que ser amado.
Pois é dando que se recebe,
É perdoando que se é perdoado.
E é morrendo que se vive pra vida eterna. :/

Conecte-se conosco:

 facebook.com/editoravozes

 @editoravozes

 @editora_vozes

 youtube.com/editoravozes

 +55 24 2233-9033

www.vozes.com.br

Conheça nossas lojas:
www.livrariavozes.com.br

Belo Horizonte – Brasília – Campinas – Cuiabá – Curitiba
Fortaleza – Juiz de Fora – Petrópolis – Recife – São Paulo

EDITORA VOZES LTDA.
Rua Frei Luís, 100 – Centro – Cep 25689-900 – Petrópolis, RJ
Tel.: (24) 2233-9000 – E-mail: vendas@vozes.com.br